Danielle Strickland
**Dein Leben ist ein wilder,
wunderschöner Garten**

Über die Autorin

Danielle Strickland ist Majorin der Heilsarmee in Los Angeles und eine international gefragte Rednerin. Sie ist Autorin mehrerer Bücher und hat auf dem Willow Creek-Leitungskongress 2016 in den USA die Massen begeistert.

Danielle Strickland

Dein Leben ist ein wilder, wunderschöner Garten

Auch wenn es dir manchmal
über den Kopf wächst,
kann Gott daraus
ein Meisterwerk schaffen

Aus dem Englischen von Christiane Henrich

GerthMedien

Für meine Mutter und meinen Vater,
die das Chaos ertrugen
und Impulsgeber für
das schöne Durcheinander
meines neuen Lebens im
Reich Gottes waren.

INHALT

DANKSAGUNG

Jill Rowe hat das gesamte Buch editiert, Kritik geäußert und Vorschläge zum Inhalt gemacht sowie die Fragen zur Reflektion am Ende der jeweiligen Kapitel formuliert. Ihr Engagement, mit dem sie Menschen die Augen öffnet für den schöpferischen, göttlichen Plan in ihrem eigenen Leben, ist beispielhaft. Ich bin so dankbar für ihr Leben und ihre wertvolle Hilfe beim Schreiben dieses Buches.

EINLEITUNG

Wenn mich Leute fragen, wie es mit meiner Arbeit so läuft, antworte ich fast immer: „Es ist ein schönes Durcheinander." Darauf erhalte ich unterschiedliche Reaktionen. Manche Leute messen Erfolg in ganz konkreten Abstufungen. Andere haben die Begabung, perfekt durchdachte Pläne zu entwerfen – mit Unterpunkten für besondere Ziele in ihrer geistlichen Arbeit, die sie für ein optimales Wachstum an ganz bestimmten aufeinanderfolgenden Stufen erreicht haben wollen. Schon immer habe ich Menschen beneidet, deren Leben perfekt zu sein scheint. Meines war es nie.

Meine Erfahrungen mit dem Leben mit Gott sind chaotisch. Mein Leben ist eine Mischung aus Scheitern und Erfolg, Mut und Furcht, Glaube und Zweifel. Es ist – nun, ein schönes Durcheinander. Seitdem ich Gott kennengelernt habe und mich auf die schöpferische Schönheit seiner Welt einließ, geht es in meinem Leben drunter und drüber – und doch ist es schön. Dieses Durcheinander ist schön, weil es ein Zeugnis für den Schöpfungsplan von Gottes Liebe im Hier und Jetzt unseres Lebens ist. Mein Leben sieht nun ganz anders aus, als wie es einmal war. Ich wurde neu erschaffen von einem Designer, der es liebt, Dinge zu „recyceln".

Mein Leben hat eine neue Form angenommen. Es ist von Licht und Leben gekennzeichnet; es breitet sich aus und verändert sich ständig und doch bleibe ich verwurzelt im Fundament der Liebe Gottes. Es ist voll von einfachen und komplexen Wahrheiten, die mich dazu führen, Gott zu vertrauen und mit ihm zusammen Menschen einzuladen, den Himmel auf die Erde zu bringen. Mein Leben ist ein Fest, das – auch wenn es etwas außer Kontrolle geraten zu sein scheint – unter der Kontrolle eines liebenden Gottes steht, der einen Plan hat. Es ist wie ein wilder, wunderschöner Garten, in dem neues Leben blüht.

Dieses Buch ist eine Einladung. Die Einladung zu einer Reise hinein in Gottes Schöpfungsplan, um aus Ihrem Leben und Ihren Plänen ein schönes Durcheinander zu machen. Wie ein Meisterkünstler ist Gott bereit, die Farben Ihres momentanen Lebens zu nehmen und daraus ein Kunstwerk zu gestalten, dessen Schönheit jenseits Ihrer Vorstellungskraft liegt.

Mit einem schönen Durcheinander fängt es bei Gott immer an. Im hebräischen Schöpfungsbericht der Bibel lesen wir, wie Gott aus einem dunklen, formlosen Nichts – aus dem puren Chaos – die Schönheit dieser Welt hervorbringt. Die Schöpfungsgeschichte aus dem 1. Buch Mose wird in diesem Buch nicht als wissenschaftliche Grundlage verwendet, sondern als ein Fenster, durch das man Einblicke in das Herz und die Strategien eines Künstlergottes erhält. Ich staune darüber, dass Gott noch heute in einer ähnlichen Art und Weise erschafft und gestaltet wie bei der Entstehungsgeschichte unserer Welt. Vor allem staune ich darüber, wie er auch in uns immer wieder neue Schönheit formt.

Im Kern dieses Buches geht es darum, die Fähigkeit eines großen Künstlers zu feiern, aus allem ein schönes Durcheinander zu machen und um die Einladung, sich dann selbst auf diesen künstlerisch-chaotischen Schöpfungsprozess einzulassen. In diesem Sinne: Auf das neu erschaffene Leben!

Danielle Strickland
Sommer 2014

KAPITEL EINS

UNVERMEIDLICHES CHAOS

Beginnen wir mit einem Blick darauf, wie alles begann: Die Welt wurde aus dem Chaos heraus erschaffen. Dies ist einer der faszinierendsten Teile der biblischen Schöpfungsgeschichte und er begegnet uns in allen anderen Geschichten, die Menschen je erzählt haben, um sich unsere Existenz zu erklären. *Chaos.* In jedem einzelnen Schöpfungsbericht auf dem Planeten kommt dieser Begriff vor und wenn wir ehrlich sind, ist das Chaos auch in jeder persönlichen Lebensgeschichte präsent. Es lauert hinter jeder Ecke und wartet darauf, uns zu packen und zu Fall zu bringen. Es versteckt sich inmitten jedes Gesprächs, möchte uns verunsichern und dazu bringen, alles zu hinterfragen. Es nistet sich im Herzen jedes Aktivisten ein, der es wagt zu glauben, dass der Status Quo unerträglich ist. Es brodelt unter der Oberfläche jeder Vorstandsetage, wo sich Leute insgeheim an die große Vision des Unternehmensgründers erinnern, die beim Streben nach größerem Ansehen und wirtschaftlichem Erfolg verloren gegangen zu sein scheint.

> Chaos ist der Ausgangspunkt jeder neuen Schöpfung.

Was ist „es"?

Es ist die Einladung, alles neu anzuordnen. Es ist der Ausgangspunkt jeder neuen Schöpfung. Es ist der bunte Farbeimer, aus dem der Künstler schöpft, um etwas Wunderschönes zu malen. Es ist die Möglichkeit, dass Dinge sich ändern können – zum Besseren. Es ist – das herrliche Potenzial von Chaos.

Die Encarta-Enzyklopädie* nennt folgende Definitionen für Chaos:

- ein Zustand völliger Unordnung und Verwirrung
- Chaos: der unbegrenzte Raum und die formlose Materie, die vor der Schöpfung des Universums existiert haben sollen
- die einem System, wie zum Beispiel dem Wetter, innewohnende Unvorhersehbarkeit, bei der scheinbar zufällige Veränderungen infolge der extremen Empfindlichkeit des Systems gegenüber kleinen Unterschieden in den Anfangsbedingungen auftreten

(* Encarta 2005; deutsche Übersetzung des englischen Encarta-Eintrags)

Für viele Menschen ist Chaos ein negatives Wort. Chaos ist etwas, das in Ordnung gebracht werden muss; es muss ausgemerzt oder zumindest versteckt werden, um die Illusion von Ordnung zu erzeugen, auch wenn es sich nur um einen vorübergehenden Zustand handelt. Nach dem allgemeinen Verständnis ist Chaos eine destruktive Kraft, die man schnell in den Griff bekommen muss, damit wieder Ordnung herrscht – sowohl in unseren persönlichen Bereichen, als auch in unserem Arbeitsalltag. Aber was wäre, wenn es eine andere Art gäbe, Chaos zu sehen?

Was, wenn Chaos etwas Gutes wäre? Was, wenn es die Wurzel jeglicher Kreativität wäre?

Was, wenn es die Voraussetzung für jedes Wachstum wäre, sowohl im persönlichen Bereich als auch bei den von uns geführten Menschen und Organisationen?

> Für viele Menschen ist Chaos ein negatives Wort. Aber was wäre, wenn es eine andere Art gäbe, Chaos zu sehen?

Was, wenn es der Nährboden für soziale Veränderung und Umgestaltung wäre?

Was, wenn es die Ketten der Ungerechtigkeit lösen könnte? Was, wenn es Gefangene befreien könnte? Was, wenn es im Leben von Menschen Prozesse in Gang setzen könnte, die sie wiederherstellen und heil werden lassen würden?

Was, wenn wir es einfach „sein Ding machen" lassen und sehen würden, dass es „gut" ist?

Wachstum durch Veränderung. Darum geht es. Wachstum, ob nun persönlich oder innerhalb einer Organisationsstruktur, kann nur dann geschehen, wenn man sich auf das Chaos einlässt. Zu viele Menschen haben die Vorstellung verinnerlicht, dass das Leben ohne Chaos besser sei, dass Unbekanntes nicht wünschenswert und das Unerklärbare bedrohlich sei.

C. S. Lewis beschreibt in „Der König von Narnia", wie Lucy in einem ganz besonderen Wandschrank feststeckt und Unglaubliches erlebt. Sie befindet sich mitten in einem spannenden Versteckspiel, bei dem es tatsächlich keinen besseren Ort zum Verstecken gibt als diesen alten Wandschrank. Sie denkt zunächst, er sei wie jeder andere Schrank auch – mit überschaubaren Maßen und vollgestopft mit alten Mänteln. Ein super Versteck und ein Ort der Sicherheit. In diesem muffigen Schrank will sie bleiben, solange es sein muss. Ihr Herz klopft, weil sie nicht gefunden werden möchte. Vorsichtig streckt sie ihre Hand aus, um die Tiefe des Wandschranks herauszufinden, damit sie weiß, wie viel Platz sie zum Verstecken hat. Aber statt die Rückwand zu berühren, findet sie einen unbegrenzten Raum – einen Raum, den sie weder verstehen noch ergründen kann. Es ergibt für sie keinen Sinn. Dieser Schrank ist nicht so, wie er sein sollte. Aber anstatt vor diesem Nichts davonzulaufen, geht sie angstfrei darauf zu und erkennt das Potenzial von dem, was dort zu finden sein könnte. So beginnt das Abenteuer ihrer Reise in eine neue Welt voller Wunder: der Schrank ist die Pforte in das Königreich „Narnia".

Die alte, hebräische Geschichte, die die Schöpfung der Welt beschreibt, beginnt damit, dass sich Jahwe über dem Chaos und dem Nichts bewegt. „Gott schuf Himmel und Erde – alles Sichtbare und alles Unsichtbare. Die Erde war eine Suppe von Nichts, eine grundlose Leere, tiefste Schwärze. Gottes Geist brütete wie ein Vogel über dem wässrigen Abgrund".[1]

Die Bildsprache ist kraftvoll: Gott herrscht über das Chaos und ist gleichzeitig in ihm gegenwärtig. Die Geschichte geht weiter mit einer Reihe von unterschiedlichen Phasen: Erst kommt das LICHT, dann die WEITE, dann das LAND, dann kommen die JAHRESZEITEN, dann kommt das LEBEN, dann die FORTPFLANZUNG und schließlich die RUHE.

An dieser Geschichte erkennen wir ein Muster für den göttlichen Verlauf der Dinge. Ich bezeichne es als „schönes Durcheinander". So erschafft Gott das Leben neu:

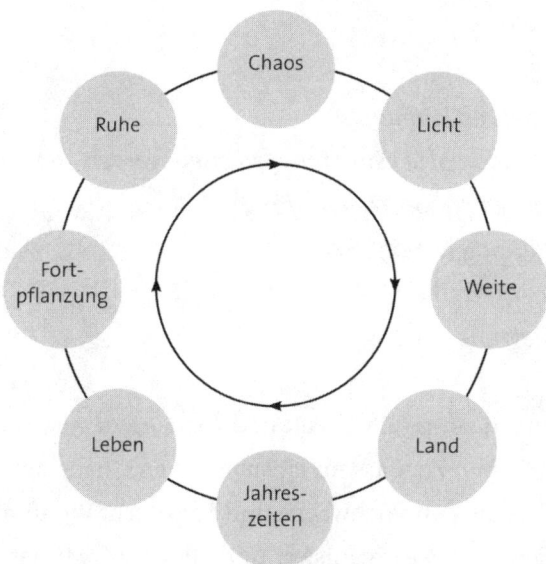

Was Gott schafft, ist sehr gut. So hat er es gesagt. Wie ein Künstler, der es kaum erwarten kann, anderen sein Kunstwerk zu präsentieren, wie eine Mutter und ein Vater, die strahlen, wenn sie ihr kleines Baby hochhalten, wie ein Gärtner, der mit Schmutz unter den Fingernägeln einen Schritt zurücktritt, um die reine Schönheit des Geschaffenen zu bewundern – so muss Gott sich gefühlt haben, als er seine Schöpfung betrachtete und sie „sehr gut" nannte.

Aber alles beginnt mit Chaos.

Im Innersten, im Mittelpunkt der Geschichte ist diese
unkontrollierbare, schöne, wundervolle Unordnung,
aus der alles andere kommt.
Der Punkt ist, dass ohne das Chaos
nichts sonst
daraus hätte
geboren werden können.
Der Schöpfung hätte kein Atem verliehen werden können.
Nur durch den chaotischen Anfang
wurde Ordnung ermöglicht.
Nie war es andersherum!
Immer zuerst das Chaos.

Wir leben jedoch in einer Kultur, die Chaos zu verstecken versucht. Gibt man zu, dass im eigenen Leben Chaos herrscht, ist dies ein Zeichen von Schwäche und Scheitern. Wenn man sein Leben nicht perfekt organisiert und alles im Griff hat, scheint das wie ein Verstoß gegen die gesellschaftliche Ordnung zu sein.

Infolgedessen sind viele Menschen erheblich mit Vertuschungsversuchen beschäftigt. Ihr Leben scheint eine aufgeräumte Fassade zu haben, hinter der sich unbeantwortete Fragen, großer Selbstzweifel und ein persönlicher Stillstand verbergen. In Wahrheit haben wir Angst vor Dingen, die wir nicht kontrollieren können. Chaos ist per Definition unkontrollierbar – und es ist unvorhersehbar, welche Auswirkung es haben wird. Dies beunruhigt diejenigen von uns, die sich vor Veränderung und Kontrollverlust fürchten. Wir mögen es zu wissen, was uns bevorsteht, und wir mögen es, unsere Umwelt zu kontrollieren. Aber das Chaos schert sich nicht um unsere Angst. Es kommt herein und stellt alles auf den Kopf. Vielleicht ist das genau die richtige Vorgehensweise mit denjenigen von uns, die glauben, sie würden alles zusammenhalten; mit denjenigen von uns, die Angst vor Veränderung und Umständen haben, die außerhalb ihres Kontrollbereichs liegen. Dieses Durcheinander namens Chaos ordnet die Dinge in unserem Leben neu. Es verschiebt und verändert unsere Werte und kann uns auf das Wesentliche zurückschmeißen.

Ich finde es interessant, wie beliebt Zombies in letzter Zeit sind. Was ist das Faszinierende an Zombies und der Vorstellung einer Apokalypse, dass es die Aufmerksamkeit einer ganzen Generation auf sich gezogen hat? Ich habe Leute gefragt, was sie darüber denken, und war überrascht von den Ergebnissen. Die meisten vermuteten, dass wir uns unter der extremen Kontrolle unserer modernen Welt über tiefere Dinge Gedanken machen. Zum Beispiel darüber, was wirklich wichtig ist. Wenn die ganze glänzende, kontrollierte Ordnung unseres Lebens hinweggenommen werden würde, was würde dann übrig bleiben? Was würde dann wirklich zählen?

Was ist mit der Leitung von Programmen und Initiativen? Das Gleiche gilt auch hier. Wenn ein Unternehmen aufgeräumt, geordnet und effizient ist, aber seltsamerweise seit Jahren in einem ähnlichen Zustand verharrt, wird dies von vielen als Erfolgsmerkmal gepriesen und das Unternehmen als ein guter Ort zum Arbeiten angesehen. Doch bei genauerer Betrachtung erkennt man, dass das Leben aus dieser Organisation gewichen ist. Vielleicht besteht sie nur noch aus überholten Traditionen und die Kreativität wurde erfolgreich zugunsten einer vorhersehbaren und kontrollierbaren Ordnung unterdrückt.

Was, wenn das Streben nach Ordnung eine Liebe zum Status Quo geschaffen und die Leidenschaft für Gerechtigkeit beseitigt hat? Was, wenn wir uns mit der Bequemlichkeit so angefreundet haben, dass wir uns aus der Verantwortung gezogen haben, für Veränderung zu kämpfen? Geschah es nicht aus dem Chaos heraus, dass die Apartheit endete und der Eiserne Vorhang fiel?

Dieses Buch beschäftigt sich mit der Neuentdeckung des Chaos als Grundlage des Wachstums, sowohl persönlicher Art als auch innerhalb von Organisationen und Gemeinden. Chaos ist der notwendige Auslöser für den Wandel. Es geht um unsere Fähigkeit, die positive Dynamik des Chaos anzunehmen, uns nicht vor ihr zu scheuen und andere auf ihrer Reise zu begleiten, wenn sie das Potenzial von Chaos für ihr eigenes Leben entdecken. Im Leben geht es darum, wirkungsvoll mit dem Unbekannten umzugehen; es geht darum, den Weg zur nächsten Anlegestelle zu finden, ohne vorher das Ziel oder den nächsten Wegabschnitt genau zu kennen. Es geht darum, sich in dem wohlzufühlen, was sich chaotisch anfühlt – und die große Kreativität und Schönheit dieser Situation zu erkennen.

Wenn wir uns nun auf diese Reise begeben, statten uns die Worte Thomas Mertons, ein amerikanischer Katholik, der Mitglied des Ordens der Trappisten war, mit Proviant für dieses ungeheuerliche, von Chaos gekennzeichnete vor uns liegende Abenteuer aus:

Herr, mein Gott, ich habe keine Ahnung, wohin ich gehe.
Ich sehe die Straße vor mir nicht.
Ich kann nicht sicher wissen, wo sie enden wird.
Noch kenne ich mich wirklich selbst
und die Tatsache, dass ich deinem Willen nachfolge,
bedeutet nicht, dass ich ihn auch wirklich tue.
Aber ich glaube, dass allein schon der Wunsch, dir zu gefallen,
dir tatsächlich gefällt.
Und ich hoffe, dass ich diesen Wunsch in allem habe, was ich tue.
Ich hoffe, dass ich niemals etwas ohne diesen Wunsch tun werde.
Und ich weiß, dass, wenn ich dies tue,
du mich auf die richtige Straße führen wirst,
auch wenn ich nichts über sie weiß.
Daher werde ich dir immer vertrauen, auch wenn ich
verloren zu sein scheine im Schatten des Todes.
Ich werde mich nicht fürchten, denn du bist immer bei mir.
Nie wirst du mich verlassen, sodass ich mich den Gefahren
meines Lebens allein stellen müsste.[2]

Schön!

Fragen

- Was ist meine erste Reaktion bei dem Gedanken an Chaos? Was zeigt diese Reaktion über mich selbst?

- Wie fühle ich mich im Hinblick auf unbeantwortete Fragen und ungelöste Situationen, sowohl persönlicher Art als auch im Zusammenhang mit meiner Arbeit?

- Wann habe ich zuletzt Chaos erlebt? Welche Folgen hatte dieses Erlebnis?

- Wie helfe ich als Freund anderen dabei, Chaossituationen anzunehmen?

KAPITEL ZWEI

ANONYME ORDNUNGSABHÄNGIGE

Chaos und Ordnung sind keine Feinde,
nur Gegensätze.

RICHARD GARRIOTT

Chaos ist immer der Beginn eines zyklischen Prozesses. Es hat einen guten Freund namens „Ordnung". Sie leben in enger Nachbarschaft, manchmal friedlich, manchmal mit angespanntem Verhältnis zueinander – aber immer nah beieinander. In ihrer Beziehung liegt etwas Geheimnisvolles, Schönes. Es ist, als ob sie voneinander abhängig wären, als ob das eine zwangsläufig von dem anderen ausginge. Es ist, als ob man das Göttliche in dieser chaotischen Anordnung erblicken könnte.

Einmal saß ich mit einer Freundin in der U-Bahn. Wir waren auf dem Weg zu unserem Lieblingslokal in Toronto. Plötzlich fing meine Freundin an, eines ihrer Lieblings-Musicallieder zu singen. Damit Sie sich das Ganze lebhaft vorstellen können: Es war der Titelsong aus dem Musical *Hair* (ein Klassiker). Sie sang voller Enthusiasmus. Schüchternheit war noch nie ihr Problem. Probleme hatte sie nur in der Schule, von der sie gerade verwiesen worden war. Ja, sie war keine gute Schülerin, aber sie war ganz sicher eine gute Schauspielerin! Ihre Performance war reif für den Broadway. Es war spektakulär!

Ich liebte so viele Dinge an diesem U-Bahnerlebnis! Ich liebte ihre Hingabe. Ich liebte ihre übersprudelnde Lebensfreude. Ich liebte ihre Freiheit. Aber am allermeisten liebe ich die Art und Weise, wie sie in einem U-Bahn-Abteil die Langeweile des Alltags durchbrach und Chaos verursachte. Plötzlich veränderte sich alles in diesem Abteil. Einige Leute standen auf und stiegen an der nächsten Haltestelle aus. Andere lachten in einem Anflug von unbeholfener Verlegenheit. Manche hielten sich fester an den Haltestangen fest und gaben sich sichtlich Mühe, die Situation einfach zu überstehen. Mehrere Leute versuchten, die Show meiner Freundin zu ignorieren, aber konnten es doch nicht lassen, sie verstohlen zu beobachten. Um eine ältere Dame war ich ein wenig in Sorge: Es sah so aus, als ob ihr Herz den puren Schock dieses „Musicalmoments" nicht aushalten würde. Während einer normalen U-Bahnfahrt schien meine Freundin die ganze Bahn in den Wahnsinn zu treiben. Es war wild und total chaotisch.

Diese Art von Chaos macht irgendwie Spaß. Es ist die Art von Chaos, die die Mittelmäßigkeit der Normalität plötzlich stört.

Es scheint, als hätten alle Geschichten, die aus Chaos hervorgehen, etwas gemeinsam: nämlich, dass Chaos etwas gebiert. *Chaos ist unweigerlich mit der Erschaffung neuer Dinge verbunden.* Aus der Sicht des Glaubens war es das chaotische Nichts, aus dem Gott heraus das Leben sprach. Chaos ist das, aus dem alles andere geboren wird – wie die Mutter allen Seins. Chaos ist der Anfang für alles andere. Wird das Leben durcheinandergebracht, kann dies außerdem sehr erfrischend sein. Chaos kann etwas Fantastisches sein, wenn daraus eine neue, überraschend andere Ordnung wächst.

Ein Vorteil von Unordentlichkeit ist, dass man ständig
spannende Entdeckungen macht.

A. A. Milne

Aber die Wahrheit ist, dass wir einen etwas abgestumpften und abschätzenden Blick auf Chaos bekommen haben, während wir Ordnung faszinierend finden. Lange Zeit hielten wir an der durch und durch positiven Sicht der Moderne auf die rationale Ordnung fest und glaubten, dass sie unsere Gesellschaft besser machen würde. Aber die Realität der weltweiten Ereignisse im letzten Jahrhundert spiegelt diese Überzeugung einfach nicht wider. Der Kommunismus, wohl eine der „geordnetsten" Bewegungen, die sich die Menschheit jemals ausgedacht hat, ließ doch viel zu wünschen übrig, als die Menschen begannen, das Lügenkonstrukt hinter der Mauer und dem Eisernen Vorhang zu sehen. Das zwanzigste Jahrhundert war voll von Völkermorden, Kriegen, Armut und zerstörerischem Chaos, und all dies fand in einem systematisch gut organisierten Kontext statt. Während die moderne Welt also lautstark „Ordnung" als Antwort auf das große Problem des Chaos verkündete, war genau diese in der Realität keine gute Antwort. Tatsächlich bekamen wir viel Ordnung in der Theorie, aber nicht das gewünschte Ergebnis im Leben.

> Ordnung kann etwas Fantastisches an sich haben, wenn sie aus Chaos geboren wird.

Auch auf persönlicher Ebene steht die Vorstellung, ein geordnetes Leben sei ein erfülltes Leben, im Widerspruch zu den „Folgeerkrankungen" unserer Generation. Depressionen, Selbstmord, Hoffnungslosigkeit und Abhängigkeit – all dies wird immer häufiger. Das Bedürfnis, Chaos zu kontrollieren bringt eine Aufsplitterung des Lebens mit sich. Wir integrieren eine entscheidende Sache nicht in unser Lebenskonzept und verlieren so an Ganzheitlichkeit. Aber zu viel Ordnung verursacht Zerstörung. Wenn wir Gott erlauben, die Prioritäten zu setzen, anstatt uns verzweifelt an Ordnung festzuhalten, dann kann und wird er eine andere Art von Ordnung entstehen lassen, die uns dauerhaften und tiefen Sinn verspricht – für uns persönlich und das große Ganze, von dem wir Teil sind.

Statt den Stempel „chaotisch" als beleidigend zu empfinden, betrachtete der Künstler Jackson Pollock diese Eigenschaftszuweisung als Auszeichnung für jeden Künstler. „Es gab mal einen Kritiker", sagte Pollock, „der schrieb, meine Bilder hätten weder einen Anfang noch ein Ende. Er meinte dies nicht als Kompliment, aber es war eines. Ein sehr schönes sogar!" Künstlern geht es in erster Linie nicht um Ordnung. Es geht ihnen um Schönheit, Freiheit, Ausdruck, Emotionen, das Paradoxe, Unstimmige, das Kunterbunte mit allen Zwischentönen und Schattierungen. Ordnung spielt in der Kunst keine Rolle. Ordnung ist etwas für einen Wissenschaftler, der eine These erstellen muss, die kontrollierbar und vernünftig ist, weil sie gewissen Ordnungen folgt. Ein Künstler interessiert sich für etwas anderes als Fakten. Kunst wird erlebt.

Wenn wir in dieser und durch diese chaotische und manchmal schmerzliche Dynamik wachsen, müssen wir das Verhältnis von Chaos und Ordnung mit neuen Augen und neuem Verständnis sehen. Die Schwierigkeiten, die mit dieser Übergangserfahrung verbunden sind, sich von der menschlichen Ordnung hin zu göttlichem Chaos zu bewegen, sind vielschichtig.

Sie erfordert, dass wir in dem leben können, was man als „chaotisches Nichts" bezeichnen könnte. Diese Phase zwingt uns, die Fähigkeit zu entwickeln, im ausgebrochenen Chaos einfach sitzen zu bleiben und wahrzunehmen, was dort geschieht. Vielleicht spricht Gott. Vielleicht brodeln dort die Anfänge von Veränderungen unter der Oberfläche. Vielleicht entsteht Gerechtigkeit im Umfeld der örtlichen Gemeinde. Vielleicht bringen die Fragen im Zusammenhang mit dem Chaos eine neu gewonnene Energie mit sich, um Lösungen für bislang unerforschte oder unverstandene Probleme zu finden.

> Diese Phase zwingt uns, die Fähigkeit zu entwickeln, im ausgebrochenen Chaos einfach sitzen zu bleiben und wahrzunehmen, was dort geschieht. Vielleicht spricht Gott.

Ich habe eine Freundin, die ihren Ehemann bei einer Affäre erwischte. Es war eine fürchterliche Erfahrung. Ihre Welt wurde erschüttert. Ihre gesamte Existenz wurde ins Chaos geworfen. Was folgte, war noch mehr Chaos – Wut, Verzweiflung, eine hässliche Scheidung und schließlich Einsamkeit. Ihr Leben erschien ihr wie eine Sackgasse. Doch als sie in diesem chaotischen

Nichts saß, begann sie, nach Gott zu suchen – und etwas veränderte sich: Am Horizont erblickte sie das Licht eines neuen Anfangs. Sie begann, diesem Licht zu folgen, und es führte sie nach Afrika. Sie fing an, ihre Begabungen einzusetzen, um Waisen und Witwen zu helfen. Was aus ihrem Chaos entsteht, ist etwas so Schönes und Reiches und es ist so anders, als ihr Leben sonst gewesen wäre. Jetzt kann sie zurückblicken und sehen, dass das Chaos eine Gelegenheit war, Gottes Ordnung in ihrem Leben entstehen zu sehen. Die Dunkelheit half ihr, sich auf Gottes Ordnung für ihr Leben hinzubewegen. Das ist wirklich faszinierend, denn schon als kleines Mädchen träumte sie davon, Missionarin zu werden. In dem geordneten Verlauf ihres früheren Lebens konnte dieser Traum jedoch nie Wirklichkeit werden. Erst als Chaos ihr Leben neu ordnete, wurden ihre Träume möglich.

Ein guter Freund von mir leitet eine internationale Kampagne, die das Ziel hat, Menschenhandel zu beenden (www.stopthetraffik.org). Jeder Schritt bei diesem Vorhaben war dominiert von Chaos und Durcheinander. Die Arbeit für die Kampagne war erschöpfend und eine einzige Schufterei gewesen. Es wurden mittlerweile schon viele Erfolge erzielt, aber noch immer sind große Berge zu erklimmen. Aber die „Stop the Traffik"-Kampagne *muss* chaotisch sein, weil sie den Status Quo erschüttern will. Sie muss ihre Stimme erheben, um laut genug für die Millionen von stummen, unterdrückten Opfer des weltweiten Menschenhandels zu schreien. Weil sie in diesem chaotischen Raum existiert, ist sie in der Lage gewesen, Menschen zu mehr Freiheit und Gerechtigkeit zu verhelfen. Und das passiert, wenn Ordnung aus Chaos entsteht. Ein anderes Beispiel: Schwimmen zu lernen ist zugleich eine der beängstigendsten, spannendsten und aufregendsten Erfahrungen, die man als Kind machen kann. Man hält sich verzweifelt am Handlauf des Beckenrandes fest, denn man weiß, dass – sollte man loslassen – nur zwei Dinge passieren können: entweder man geht unter oder man schafft es, sich über Wasser zu halten. Mit einem Herzen, das so laut klopft, dass man es im eigenen Kopf hören kann, holt man schließlich noch einmal einen tiefen Luftzug und dann wagt man es. Man lässt los und macht hastige Bewegungen mit Armen und Beinen.

> Wir müssen in diesem Übergang vom menschlichen Chaos zur göttlichen Ordnung lernen, loszulassen.

Hilflos ins Wasser schlagend und tretend beginnt man dann zu schwimmen. Die Gefühle verwandeln sich von Angst in Hochgefühl, und das alles, weil man den Handlauf losgelassen hat. Man lässt los.

Wir müssen in diesem Übergang vom menschlichen Chaos zur göttlichen Ordnung lernen, loszulassen. Man ist versucht, sich an dem festzuklammern, was zuvor gewesen ist, an dem alten Weg und dem alten Rhythmus der Dinge. Das Alte fühlt sich oft komfortabler und irgendwie sicherer an; es ist das, was wir schon immer kennen. Aber das macht es ganz sicher nicht besser. Um eine neue Ordnung aus dem Chaos heraus zu schaffen, müssen wir loslassen, uns der Möglichkeit des Neuen hingeben und dabei die tiefen Erfahrungen unserer Reise zulassen, die uns den Weg weisen werden.

In Wahrheit haben wir unsere schönsten Momente dann,
wenn wir uns äußerst unbehaglich, unglücklich oder unerfüllt
fühlen.
Denn nur in solchen Momenten ist es wahrscheinlich,
dass wir, getrieben von unserem Unbehagen,
aus unserer Spur heraustreten und anfangen,
nach anderen Wegen oder wahreren Antworten zu suchen.
M. Scott Peck

Für den Übergang vom Chaos zur Ordnung ist Mut erforderlich. Aber nicht der Mut, den wir gewohnt sind. Wir sind Mut gewohnt, der zur Aktion führt. Denken wir an den stereotypischen Superhelden, der die Welt rettet.

Die Art von Mut, die Gott von uns verlangt, ist Glaube. Er fordert uns heraus, am Glauben festzuhalten inmitten von Umständen, die sich wie eine Sackgasse anfühlen. Er will, dass wir vertrauen, dass das Licht kommen wird, dass die Morgendämmerung anbrechen wird, dass er wirklich gut ist – und auch das größte Chaos unter Kontrolle hat. Gott wird uns nicht alleine lassen. Darauf zu vertrauen ist wirklich mutig. Und es ist viel schwieriger, als schnellstmöglich alles, was chaotisch scheint, in Ordnung zu bringen. Es ist der Mut, auf Gott zu warten. Es ist der Mut, zuzugeben, dass man es selbst nicht in Ordnung bringen kann. Dass überhaupt nicht

> Die Art von Mut, die Gott von uns verlangt, ist Glaube. Er fordert uns heraus, am Glauben festzuhalten inmitten von Umständen, die sich wie eine Sackgasse anfühlen.

alles in Ordnung gebracht werden *kann*. Dass vielleicht etwas Größeres, Tiefergehendes am Werk ist und wir eine Weile hier sitzen müssen, um herauszufinden, was es ist. Es ist der Mut, nicht die Kontrolle zu haben und Gott die Führung zu überlassen.

Dies ist ein großer Mut, den nur wenige von sich aus aufbringen. Aber Gott möchte ihn uns schenken. Er lädt uns ein, die Reise an seiner Seite zu wagen.

Die erste Einladung, ein Partner Gottes zu werden, richtete sich an einen Mann namens Abraham. Er tat, was Gott gefiel, und war sein Freund, denn er besaß Glauben. Mehr noch: Er *glaubte* Gott. Dies ist außergewöhnlich, weil Abraham jeden Grund gehabt hatte, es nicht zu tun. Alles, was Gott Abraham zu tun hieß, schien verrückt – und chaotisch. Sein ganzes Leben wurde auf den Kopf gestellt und das nicht nur ein Mal. Gott sagte ihm, er solle alles ihm Vertraute zurücklassen. Sein Zuhause, sein Volk und seine Götter. Er sagte ihm, er werde eine Nation von Priestern aus ihm machen, und seinen Anfang nehmen werde dies mit einem verheißenen Sohn. Das war besonders schwer zu glauben, weil Abraham mit einer unfruchtbaren Frau verheiratet war. Kein Sohn, kein Volk, keine Nation. Es war eine Zeit voll von göttlichem Chaos, eine Neuordnung von Abrahams Fundamenten. Die Normalität wurde gegen Chaos eingetauscht. Abraham aber gab sein Bedürfnis nach konkreten Informationen und Kontrolle auf und überließ Gott die Führung. Und genau dann, als es schien, als ob es nur noch Dunkelheit geben würde, kam das Licht und Gottes Ordnung wurde erkennbar. Ein Sohn wurde geboren. Eine Verheißung wurde erfüllt. Ein Volk entstand, sogar eine Nation. Es war eine göttliche Ordnung, die Segen für die gesamte Erde mit sich brachte. Wer hätte gedacht, dass ein kleiner Stammesfürst in der Wüste, der den Umständen zum Trotz Gott glaubte, solch einen Einfluss auf die Welt haben könnte? Ich frage mich, welchen Effekt es auf die unsere hätte, wenn wir das Chaos annähmen und auf Gottes Ordnung warteten?

Dieser Prozess führt uns unweigerlich zum Zweifel. Viele Gläubige betrachten Zweifel fälschlicherweise als Feind. Ich sehe ihn als Freund. Ein Freund ist jemand, der mehr wissen will. Und genau das will der Zweifel auch. Inmitten von Zweifel und Verzweiflung entsteht sogar Glaube – wenn wir uns dafür entscheiden, Gott zu glauben, trotz dessen, was wir fühlen oder uns nicht erklären können. Dieser Glaube ist es, der Gott gefällt, denn er kennt unsere tiefsten Wünsche und unsere Bereitschaft, ihm zu vertrauen.

> Viele Gläubige betrachten Zweifel fälschlicherweise als Feind. Ich sehe ihn als Freund. Ein Freund ist jemand, der mehr wissen will. Und genau das will der Zweifel auch.

Das Prinzip des Mutfassens muss manchmal auch in Gemeinschaften angewendet werden. Vielleicht haben Leiter die von ihnen geführte Gruppe oder Organisation an einen Punkt gebracht, der stabil und sicher zu sein scheint, aber an dem sich nun alles chaotisch anfühlt. Die Leitung fühlt sich inzwischen vielleicht mehr nach einem verzweifelten Überlebenskampf inmitten eines Sturmes an, als wie eine Position voll unantastbarem

Optimismus. Für einen Leiter ist dies zweifellos ein dunkler und einsamer Ort, voll von Fragen des Selbstzweifels, ob man wirklich die Leitungsqualitäten besitzt, und Angst vor dem, was passieren könnte, wenn man es nicht schafft. Ein Leiter kann aber auch die Fähigkeit entwickeln, diesen chaotischen Zustand als Teil eines göttlichen Prozesses zu erkennen – und als Quelle für Kreativität und Wachstum. Um das potenzielle Muster und die potenzielle Ordnung, die entstehen können, zu entdecken, muss man einen Blick auf das große Ganze werfen und die richtige Perspektive erlangen.

Ich glaube sehr an die Tatsache, dass immer dann, wenn Chaos da ist, es eine wundervolle Denkweise hervorbringt. Ich betrachte Chaos als Geschenk.
Septima Poinsette Clark

Gott, mache in mir einen neuen Anfang, forme eine Woche der Schöpfung aus dem Chaos meines Lebens.
König David, Psalm 51,12 (aus „The Message", einer Übertragung der Bibel in zeitgenössisches Englisch von Eugene H. Peterson)

Wenn wir uns persönliches Wachstum wünschen, wenn wir wollen, dass unser Leben zählt, wenn wir uns danach sehnen, Dinge zu starten, die wichtig sind und bei denen es um Leben in Fülle geht, wenn wir uns ernsthaft um die Dinge bemühen, die das Leben wirklich lebenswert machen, wenn wir wollen, dass sich unsere Gemeinschaften verändern – dann müssen wir vielleicht anfangen, das Chaos in unser Leben einzuladen, in unsere Unternehmen und Firmen, unsere Schulen, Gemeinden, Organisationen und in die Gesellschaft ganz allgemein. Vielleicht brauchen wir ein bisschen Unordnung für einen Neuanfang. Denn schließlich ist Chaos Teil der göttlichen Ordnung des Lebens.

Ich erinnere mich an einen Aufenthalt in Russland, kurz nach dem Zusammenbruch der Sowjetunion. Zu meinen Aufgaben gehörte die Koordination von Aktivitäten für Kinder und Jugendliche in einer neuen Gemeinde in Moskau. In einer Woche kündigten wir eine Kindergottesdienststunde an, in der nächsten Woche waren 300 Kinder dort. Es war das reinste Chaos.

Schließlich veranstalteten wir ein Zeltlager auf einem Gelände, das ehemals ein sowjetisches Jugendlager gewesen war. Einer der wichtigsten Programmpunkte während eines Zeltlagers ist das Hissen der Flagge zu Beginn des Tages. Am ersten Morgen hatten wir uns alle um den Fahnenmast herum versammelt, als uns dämmerte, dass uns zwei zentrale Bestandteile für die Flaggen-Zeremonie fehlten: eine Flagge und eine Hymne. Aufgrund des Zusammenbruchs der Sowjetunion war die Flagge nicht mehr gern gesehen, und die Hymne – nun, sie war unangebracht, denn sie war voller Rhetorik, die sich mittlerweile als unverfrorene Lügen erwiesen hatte.

Was für eine schwierige Lage: Die Menschen waren mit vielen Lügen gefüttert worden, um den schönen äußeren Schein zu wahren – aber das Innere passte die ganze Zeit nicht dazu. Als Jesus die Pharisäer im Matthäusevangelium zurechtwies (23,27) nannte er dieses Verhalten das „Weiß-getünchte-Grabstätten-Syndrom".

Ich denke, dass wir in unserer heutigen Kultur ebenfalls bis zu einem gewissen Grad darunter leiden.

Die Moderne mit ihrem wissenschaftlich-vernünftigen Weltbild, das den größten Teil des zwanzigsten Jahrhunderts dominierte, versprach, die Antwort auf alles zu haben. Aber in Wirklichkeit wurden nur Antworten auf „äußerliche" Fragen beantwortet, wie die nach dem technischen Fortschritt oder dem intellektuellen Fortschritt durch Erkenntnisse der Vernunft. Bei den existenziellen Fragen, die unser Innerstes betreffen, hat uns das moderne Zeitalter im Stich gelassen – jene Fragen, die uns nachts wach halten wie: Hat unser Leben eine Bedeutung? Werden wir von anderen gelebt oder sind wir selbstbestimmt? Was ist der Sinn des Lebens?

Meine Freundin Olga und ich führten unser Gespräch über den Bankrott ihrer Kultur später fort. Ich fragte sie, ob sie sehr wütend auf ihre Führer und die Regierung sei, weil sie von ihnen belogen worden war. Ihre Antwort zeugte von einer Weisheit, die weit über die einer 20-Jährigen hinausging: „Vielleicht haben die Führer das russische Volk belogen, aber das Volk hat sich dazu entschieden, ihnen zu glauben."

Und das ist die Krux daran. Manchmal ist es einfacher zu glauben, dass die Dinge geordnet, vernünftig, vorhersehbar und vollständig unter unserer Kontrolle sind. Aber in Wirklichkeit ist unsere Welt unvorhersehbar, oft willkürlich und unsinnig, chaotisch und komplett außerhalb unserer Kontrolle. Und dann laufen die Versprechungen der Moderne ins Leere und die Fortschrittsberichte helfen nicht mehr weiter.

Die christliche Gemeinde macht genau das Gleiche. Wir werben für einen Gott, der nach mathematischen Gleichungen zu funktionieren hat: Wenn man gibt, segnet er, wenn man gehorcht, wird man von ihm zum Erfolg geführt, wenn man ein gutes Leben führt, kommt man in den Himmel. Die Religion versichert uns, dass ein geordnetes Leben ein sicheres sei. Aber in der Bibel und der Kirchenhistorie gibt es zu viele Geschichten, die zeigen, dass das einfach nicht stimmt. Gottes Verheißungen sind wahr, und er wird Ordnung in unser Leben bringen – aber es ist nicht immer die Ordnung, die aus menschlicher Sicht Sinn macht. Die Propheten, die Priester, die Jünger bis hin zu Jesus selbst – sie alle führten ein Leben, das wie ein chaotisches Durcheinander schien – außer für Gott, der allem einen Sinn gab.

Die Wahrheit ist, dass wir in einer postmodernen Welt unsere menschlichen Ordnungsvorstellungen nicht aufrechterhalten, geschweige denn alles unter Kontrolle behalten können – ganz gleich, wie sehr wir es versuchen. Das Chaos anzunehmen ist weniger eine Entscheidung als ein Mittel zum Überleben. Und es ist mehr als das. Es geht darum, die innere Realität unserer menschlichen Natur und unserer Welt mit den äußeren Erfolgsmaßstäben in Einklang zu bringen; es geht darum, *aufrichtig und tief* zu sein. Es geht nicht allein um Wissen, es geht um eine Wahrheit, die durchdringt, eine Wahrheit, die zählt, eine Wahrheit, die sich nicht scheut, harte Frage zu stellen und Scheitern zu riskieren. Eine Wahrheit, die lieber ehrliches Chaos annimmt als damit fortfährt, die Grabstätten unserer Kultur weiß zu tünchen, damit wir nach außen hin bis zuletzt die perfekte Fassade aufrechterhalten. Es geht darum, dem Chaos zu erlauben, sich zu zeigen, und es dann zu genießen.

Ein Tonklumpen muss von einem Töpfer geformt und modelliert werden. Er kann nicht zu dem werden, was er einmal sein wird, ohne die geschickten und vorsichtigen, gnädigen Hände des Meisterkünstlers. In der Bibel verwendet der Prophet Jeremia das Bild eines Töpfers im Hinblick auf Gott, der unser Leben formt. „Wie Ton in der Hand des Töpfers".[3] Aus dem Chaos heraus wird eine schöne Ordnung geformt, eine Ordnung, die uns in die richtige Richtung bewegt, eine Ordnung, die es uns ermöglicht, mehr zu dem zu werden, zu dem wir geschaffen wurden, individuell und als Gemeinschaft.

Gott machte mein Leben komplett,
als ich alle Teile vor ihm ausbreitete.
Als ich mich am Riemen riss,
schenkte er mir einen Neubeginn:
Nun achte ich auf Gottes Wege;
ich nehme Gott nicht als selbstverständlich.
Jeden Tag denke ich über seine Art zu wirken nach;
ich versuche, mir nichts entgehen zu lassen.
Ich fühle mich wieder komplett
und achte auf meinen Schritt.

Gott schrieb den Text meines Lebens neu,
als ich vor seinen Augen das Buch meines Herzens öffnete.
Psalm 18,21–25, aus „The Message"

Unordnung: ein Lebensstil

Eines der wichtigsten Dinge, die das Chaos mit sich bringt, wenn man es in seinen Lebensstil integriert, ist die Unvorhersehbarkeit der Reise und des Zieles.

In vielen Organisationen ist das schwierig. Wenn man etwas Neues beginnen möchte, kann es sein, dass man einen vierzehnseitigen Programmvorschlag ausfüllen muss. Das ist eine gute Idee. Es hilft dabei, sich über den Zweck, die Ziele und den Prozess klar zu werden. Hier liegt aber auch das Problem. Wenn man „das Chaos annimmt" und das Gefühl hat, man sollte sich mitten in die Unordnung von Leben, Gemeinschaften und Umfeld begeben, um Gott dabei zuzusehen, wie er beginnt, Ordnung zu schaffen und sich auf diesen Prozess einzulassen, dann ist das nur schwerlich in einem Programmvorschlag zu erklären. Der Vorschlag erfordert, dass Sie Ihren Plan und Ihr Ziel genau benennen können. Alle Ziele müssen messbar und vernünftig sein. Aber wie kann man konkrete Ziele und einen Sinn bestimmen, wenn man sich ins Chaos stürzt? Ist Chaos überhaupt messbar? Und wenn ja, wie stellt man das Annehmen von Chaos bildlich in einem Chart da?

Ein Beispiel: Mein Ziel ist es, mich intensiv mit zehn Menschen, deren Leben ein Durcheinander ist, zu befassen (Teil 1 des Programmvorschlags). Dann plane ich zu sehen, was Gott dazu sagt, um anschließend mit ihm zusammen aus dem Chaos ein neues Leben zu erschaffen (Teil 2 des Programmvorschlags). Wie bemisst man das (großes Problem im Programmvorschlag)? Was ist der Zeitplan für eine neue Schöpfung (keine Idee für den Programmvorschlag)? Und es wird noch chaotischer: Wenn ich auf Beziehung statt auf Funktion abziele, wie messe ich dann meine Effektivität? Schwierig. Hier wird es dann noch chaotischer. Und wie gewichte ich, was Arbeit und was Leben ist?

Vor einigen Jahren hatte ich eine Laufpartnerin. Wir wurden sehr gute Freundinnen (und unser Laufen entwickelte sich ebenfalls gut). Über einen langen Zeitraum hinweg lernte sie Jesus kennen und war wirklich begeistert von ihrem Glauben. Es war eine ziemlich belebende Zeit. Zu Beginn unserer Beziehung stellte sie mir eine gezielte Frage. Mitten im Laufen brach es auch ihr heraus: „Bin ich ein Projekt?"

Alle Ziele müssen messbar und vernünftig sein. Aber wie kann man konkrete Ziele und einen Sinn bestimmen, wenn man sich ins Chaos stürzt?

Ich tat so, als ob ich geschockt wäre. Wir sprachen darüber und klärten die Sache. Die Frage blieb jedoch bei mir hängen. Ja, ich arbeitete bei Gemeindeinitiativen und im Gemeindeleben mit, um Beziehungen zu Menschen herzustellen. Und daher wollte ich, dass ich in meinen Beziehungen Christus gut repräsentiere. Ich hoffte, mein Leben könnte ein Licht sein, das helfe könnte, die Dunkelheit des Unglaubens und der Sinnlosigkeit im Leben dieser Menschen zu vertreiben. War meine

Laufpartnerin also eine Freundin oder ein Projekt? Gute Frage. So habe ich eine Weile darüber nachgedacht.

Natürlich sagte ich ihr, dass sie kein Projekt sei, und meinte es auch so. Aber tief in meinem Herzen begann ich, meine eigenen Motive wirklich infrage zu stellen, sowie die Art und Weise, mit der ich versuchte, über authentische Beziehungen Gemeinden zu erweitern. Irgendwann im Laufe meiner Überlegungen stolperte ich über die Antwort: Es war zugleich beides und nichts von beidem. Es war ganz einfach das: ein Durcheinander. Die Grenzen überschnitten sich. Sie war sowohl eine Freundin als auch ein Projekt, zwar nicht zur selben Zeit, und dann doch wiederum alles auf einmal. Sie war meine Freundin, ganz gleich, was zwischen ihr und Jesus passierte, aber sie war auch mein Projekt, denn natürlich wollte ich sie auch für „meine Sache" bzw. Gottes Sache gewinnen.

Sie war meine Laufpartnerin und half mir enorm in Bezug auf meinen Körper, aber auch auf meinen Geist. Ihre Ehrlichkeit war ansteckend und das Training mit ihr herausfordernd. Ich fing an, zu verstehen, dass sich unsere Beziehung in Wahrheit im Chaos befand. Es gab keine Definition, die gepasst hätte. Gott erkannte dies und verhalf mir zu dieser Erkenntnis. Wir fingen an, zu sehen, wie eine göttliche Ordnung entstand – dauerhaft und wahrhaftig. Aber es blieb ein Durcheinander. Nimmt man das Chaos an, hat dies zur Folge, dass man sich für das Durcheinander entscheiden muss. David drückt es so aus:

Wenn meine Seele zu Tode betrübt ist,
rufe ich mir all das in Gedächtnis,
was ich von dir kenne,
von den Tiefen des Jordans zu den Hermon-Höhen,
einschließlich des Berges Misar.

Chaos ruft das Chaos,
die Melodie der wilden Sturzbäche.
Deine brechende Brandung, deine donnernden Sturzwellen
zerschmettern und zerdrücken mich.

Dann verspricht mir Gott, dass er mich jeden Tag lieben wird,
dass er die ganze Nacht hindurch Lieder singen wird!
Mein Leben ist Gottes Gebet.
Psalm 42,7–9, aus „The Message"

Das Annehmen des Chaos (oder das Eintreten in das Durcheinander im Leben anderer) ist eine notwendige Vorstufe dafür, dass Gott etwas Neues im Leben von Menschen entstehen lassen kann.

Der Grund, warum die meisten Menschen Gott fürchten und
ihn im tiefsten Grund nicht mögen, ist der, dass sie seinem
Herzen misstrauen und sich einbilden, er sei ganz und gar
Gehirn, wie eine Uhr.
Herman Melville

Der Mensch ist kein arithmetischer Ausdruck; er ist ein geheimnis-
volles und rätselhaftes Wesen, und seine Natur ist extrem und
durch und durch widersprüchlich.

Fyodor Dostoevsky

Das beste Beispiel für Chaos als Grundlage für eine göttliche
Ordnung ist die Schöpfungsgeschichte – der Moment, wo Gott
zum ersten Mal aus Chaos etwas Wunderbares erschafft.
Die Schöpfung in 1. Mose 1–3 ist eine Blaupause für göttliche
Ordnung – und sie steht in starkem Kontrast zu unserer Ver-
sion von Ordnung:

Hinsichtlich ihrer Vorgehensweise: Sie entsteht von innen heraus, statt von außen übergestülpt zu werden. Dies ist für uns der
chaotische Teil. Oft haben wir ein gesetztes Ziel, das wir erreichen wollen, doch Gott schafft von innen heraus. Was wäre, wenn
wir nach den schönen Momenten der Schöpfung in unseren Beziehungen suchten, statt ihnen von außen etwas überstülpen
zu wollen, um sie „in Ordnung" zu bringen? Was ist, wenn wir
sie einfach wachsen lassen und das Chaos annehmen würden?
Was wäre, wenn wir auf Gottes unglaubliche Fähigkeit vertrauen
würden, Schönheit und Sinn in den Beziehungen zu erschaffen
mit den Menschen, die bereits um uns sind, anstatt zu denken,
es gebe irgendwo perfekte Leute, die wir finden müssten?

Hinsichtlich ihres Ablaufs: Gottes Ordnung ist durch eine
symbiotische Wechselbeziehung gekennzeichnet. Jede Stufe ist
mit der anderen verbunden. Es gibt keine akkuraten, streng auf-
einander abgestimmten Wachstumsstufen, sondern jede Stufe

hängt mit der anderen in einem dynamischen Prozess zusammen. Sie sind tief miteinander verbunden, organisch verwoben. Daher ist es unmöglich, sie voneinander zu trennen. Die Risiken wären ohnehin viel größer als die möglichen positiven Effekte. Was geschieht, wenn in einem geistlichen Dienst oder einer Beziehung ein Teil ungesund wird? Es bedeutet, dass jeder Teil davon betroffen ist. Und das ist eine heikle Angelegenheit. Oft werden geistlicher Dienst und Leben voneinander getrennt, in der Hoffnung, dass sie sich nicht gegenseitig „anstecken". Dies hat Vorteile, aber auch Nachteile. Jeder Teil unseres Lebens sollte miteinander verbunden sein. Das verleiht unserem authentischen Wachstum ein stabiles Fundament. Ohne diese Authentizität können wir uns leicht selbst verlieren. Die Risiken sind da – aber der Lohn ist es wert.

> Was wäre, wenn wir nach den schönen Momenten der Schöpfung in unseren Beziehungen suchten, statt sie von außen „in Ordnung" bringen zu wollen?

Hinsichtlich ihres Charakters: Jede Stufe bedingt die nächste und ist mit ihr verwachsen. Jeder Teil des Schöpfungsberichts hat seine eigene schöpferische Kraft. Jeder Teil davon ist gut (Gott legt Wert darauf, dies laut auszusprechen, damit es uns nicht entgeht). Ganz gleich, welcher Teil Ihnen der Liebste ist, alles ist gut – und alles ist schöpferisch und lebensspendend. Das Licht, die Weite, das Wasser, die Tiere, die Pflanzen, die Jahreszeiten – jedes einzelne Element ist ein Katalysator für mehr Schönheit, mehr Leben.

Jede Stufe ist durchdrungen von schöpferischer Ordnung.

Fragen

- Welche Sichtweise habe ich momentan auf das Chaos, das ich erlebe?

- Entdecke ich ein Muster darin?

- Was höre ich über den vor mir liegenden Weg?

- In welchem Maße klammere ich mich inmitten des Chaos an etwas fest?

- Welche Dinge, die mich vielleicht davon abhalten, das Chaos anzunehmen, muss ich loslassen?

- Muss ich jemanden bitten, mir zu helfen, die neu entstehende Ordnung zu sehen und zu verstehen?

- Bin ich zu sehr bereit, beim Chaos zu bleiben und nicht die harte Arbeit auf mich zu nehmen, die mit der Entwicklung und dem Annehmen von Ordnung verbunden ist?

KAPITEL DREI

GEGEN DIE DUNKELHEIT TRETEN

Man muss gegen die Dunkelheit treten, bis sie Tageslicht ausblutet.
BRUCE COCKBURN

Vor ein paar Jahren unterzog ich meine Augen einer Laseroperation. Es war eine sehr intensive Erfahrung, die sicherlich nichts für Zartbesaitete ist. Bei dieser Operation wird die Netzhaut neu geformt, damit das Auge ein deutlicheres Bild sieht. Sie ist deshalb so unangenehm, weil man die ganze Zeit bei Bewusstsein sein muss. Stellen Sie sich durch Klebeband offen gehaltene Augenlider, gefrorene Augäpfel und einen Laserstrahl vor, der das Hintere Ihres Auges neu formt. Autsch. Während der Operation bemerkte ich, dass sich diese Erfahrung sehr ähnlich anfühle wie das, was Tom Cruise in dem Film *Minority Report* durchmachte. Dem stimmte jeder zu. Die Ergebnisse der Operation waren jedoch beeindruckend. Ich muss seitdem keine Brille oder Kontaktlinsen mehr tragen. Ich kann alles wieder deutlich sehen.

Ein Freund von mir ist Chirurg und investiert viel Zeit in die Arbeit mit Armen und Ausgestoßenen in Entwicklungsländern. Kürzlich entschloss er sich zu lernen, wie man Augenoperationen durchführt, um den Menschen in solchen Ländern ihr Augenlicht zurückzugeben. Jedes Mal, wenn er von seinen

Arbeitseinsätzen im Ausland zurückkehrt, bringt er neue Geschichten von Menschen mit, die nun wieder sehen können. Ihre Freude ist unfassbar. Ihr Blick auf die Welt ist im wahrsten Sinne des Wortes mit Licht durchflutet worden. Die Dunkelheit wurde vertrieben.

In der hebräischen Schöpfungsgeschichte entsteht am ersten Tag aus dem Chaos der Tiefe die erste Stufe der göttlichen Ordnung.

Noch war die Erde leer und ungestaltet, von tiefen Fluten bedeckt. Finsternis herrschte, aber über dem Wasser schwebte der Geist Gottes. Da sprach Gott: „Licht soll entstehen!", und sogleich strahlte Licht auf. Gott sah, dass es gut war. Er trennte das Licht von der Dunkelheit.

1. Mose 1,2–4

Die Offenbarung, die „Erleuchtung" durch die Entstehung des Lichts, ist der erste Teil der Reise, um Ordnung aus Chaos heraus zu schaffen. Es ist der erste Teil des Schöpfungsprozesses.

Gott sprach: „Licht soll entstehen!" Offenbarung ist die Voraussetzung, um Schönheit entstehen zu lassen. Sie muss zuerst geschehen, wenn man etwas aus dem Nichts erschaffen will.

> Für die Schaffung einer beständigen Ordnung ist es notwendig, dass wir Licht in unser Leben bringen.

Für die Schaffung einer beständigen Ordnung ist es notwendig, dass wir Licht in unser Leben bringen. Licht besitzt eine göttliche Kraft. Wir bringen keine Jalousien an, um uns vor der Dunkelheit zu schützen. Licht durchdringt kraftvoll. Sogar die Dunkelheit fürchtet das Licht. „Es [das Licht] leuchtet in der Finsternis, und die Finsternis hat es nicht auslöschen können."[4] Eine sehr bedeutsame Person, von der man im Neuen Testament lesen kann, ist Saulus. Er investierte seine Zeit in die Verfolgung von Christen, als er durch das Land reiste und versuchte, in dem von ihnen verursachten Chaos die Ordnung wiederherzustellen. Aber dann stieß er auf etwas, das ihn aufhielt, etwas, das seine Welt auf den Kopf stellte und alles veränderte – und das war Licht. Es war ein durchdringendes, übernatürliches, blendendes helles Licht: „Auf seiner Reise nach Damaskus, kurz vor der Stadt, umgab Saulus plötzlich ein blendendes Licht vom Himmel."[5] Dies war der erste Schritt hin zur Schaffung der göttlichen Ordnung in Saulus' Leben. Was folgte, fühlte sich an wie totales Chaos: Dunkelheit, eine Offenbarung von Jesus und der Zusammenbruch einer alten Weltsicht. Saulus versank im persönlichen Chaos.

Gott benutzte sein überstrahlendes Licht, um ein Chaos zu entfachen – um es dann wieder zu lichten und seine göttliche Ordnung entstehen zu lassen.

Das ist ein gewaltiger Satz. Lassen Sie ihn mich noch einmal wiederholen: Gott benutzte sein überstrahlendes Licht, um ein Chaos zu entfachen. Dieses Chaos schuf einen Ausgangspunkt, um Gottes Schöpfungsplan für Saulus' Leben umzusetzen. Licht ist ein kraftvolles Mittel in den Händen eines liebenden Gottes.

Saulus wird zu Paulus – Apostelgeschichte 13,9. Er ist im wahrsten und übertragenden Sinn zum Sehenden geworden. Seine Augen und sein Herz wurden geöffnet für die göttliche Offenbarung, die er jetzt in die Welt tragen möchte. Der Christenverfolger wurde zu einer zentralen Figur des neuen Testaments. Bemerkenswert an Paulus' Verwandlung war seine Fähigkeit, Gottes Offenbarung zu begreifen. Sogar die ersten Jünger Jesu hatten Probleme, mit ihm Schritt zu halten. Wenn sie dachten, sie sollten sich lieber zurückhalten, aus Angst, die Juden vor den Kopf zu stoßen, wies Paulus sie zurecht und erinnerte sie daran, dass das Evangelium für die ganze Welt bestimmt ist – und das kam von einem Mann, der Christen umbrachte, um den jüdischen Glauben zu schützen.

Göttliche Offenbarung macht uns zu Menschen, die wie Paulus plötzlich „sehen" können.

Göttliche Offenbarung macht uns zu Menschen, die wie Paulus plötzlich „sehen" können. Wir lernen, die Dinge aus Gottes Sichtweise zu verstehen. Wir verändern unseren Blickwinkel auf uns und unser Leben.

Von einiger Zeit reiste ich mit meinem Vater durch Israel und wir beschlossen, den Berg Sinai zu besteigen. Wir wollten aber keine Touristentarife bezahlen und die Reise auf dem Rücken eines Esels erleben. Also suchten wir uns ein Taxi und wurden zusammen mit einem Engländer, der ebenfalls nicht tief in die Tasche greifen wollte, zum Fuße des Berges Sinai gefahren. Es war stockdunkel und wir konnten die Hand nicht vor den Augen sehen. In dieser Dunkelheit setzte der Taxifahrer uns drei ab und fuhr davon. Was wir bezahlt hatten, war also eindeutig nur die Hinfahrt gewesen.

Einen Moment lang versuchten wir, uns an die Dunkelheit zu gewöhnen. Ich erwähnte beiläufig, dass jetzt eine Fackel sehr sinnvoll gewesen wäre. In diesem Moment griff unser neuer englischer Freund in seine Tasche und zog einen Stift mit einer kleinen integrierten Taschenlampe am Ende heraus. Glauben Sie mir, es hört sich beeindruckender an, als es war. Die Kraft des Lichtstrahls verbesserte unsere Fähigkeit, vor uns etwas zu sehen, um etwa 4 cm. Habe ich erwähnt, dass es stockdunkel war?

Da waren wir also, mitten in der Dunkelheit, nur bewaffnet mit einer äußerst ineffektiven „Stiftfackel". Sonst hatten wir nichts – außer dem langen Anstieg vor uns. Wir wussten, dass wir auf dem Gipfel des Berges Sinai einen Mönch treffen würden, der Wanderer und Pilger liebevoll mit Tee versorgt. Mit diesem „Lichtblick" vor Augen traten wir den Anstieg an. Wir kletterten über Felsen und sahen dabei immer nur das, was direkt vor uns war. Auf einmal sah ich in der Dunkelheit zwei Augen vor mir. Meine zunächst panische Angst legte sich jedoch schnell wieder, als im Schein der „Stiftfackel" deutlich wurde, dass ich es hier in Wirklichkeit nicht mit einem Säbelzahltiger auf der Suche nach etwas Essbarem zu tun hatte, sondern lediglich mit einer umherstreifenden Kuh.

Stunden später kamen wir endlich auf dem Gipfel an und wurden von dem freundlichen Mönch mit heißem Tee und einem unglaublichen Sonnenaufgang begrüßt. Gerade in diesem Moment brach das Morgenlicht in die Dunkelheit herein.

Diesen Sonnenaufgang als „unglaublich" zu bezeichnen, wäre eine maßlose Untertreibung. Wir sahen den Leuchtschein der Sonne hinter dem Horizont auftauchen, noch bevor die Sonne selbst zu sehen war. Es sah aus, als ob er die Hügel der Wüste in Brand setzen würde. Allein dieser Schein, der nur ein Vorbote der Sonne war, war überwältigend schön und brachte zugleich Wärme und Licht. Das erste Sonnenlicht des Tages breitete sich aus, erleuchtete den Sand und machte die Wüste zu einem glühenden Fluss aus Gold. Als die Sonne aufging, wurden die Tiefen unserer Seele mit Wärme und Licht überflutet. Was dieses Licht mit uns machte, ist nicht in Worte zu fassen. Die reine Kraft dieses Lichtes war überwältigend.

Beim Blick ins Tal konnten wir den breiten Weg sehen, den die zahlenden Touristen auf den Rücken von Eseln genommen hätten. Dieser Weg schien viel sicherer zu sein. Dann drehte ich mich um und warf einen Blick zurück auf die Route, die wir genommen hatten. Ich war verblüfft: Erst im Tageslicht erkannte ich, wie tückisch diese Route gewesen war! Da waren Abgründe, viel Geröll und andere Hindernisse, die selbst dem mutigsten Kletterer Sorgen bereitet hätten. Wenn wir sehen können, wohin wir gehen, bewegen wir uns manchmal nicht vorwärts, weil wir uns vor all den vor uns liegenden Hindernissen fürchten. In diesen Situationen kann die Dunkelheit ein Freund sein. Das Licht, das wir für die Fortsetzung unserer Reise brauchen, ist dann „gerade genug", um getrost einen Fuß vor den anderen setzen zu können. Doch auf dem ganzen Weg wissen wir, dass die Morgendämmerung kommen wird.

Ja, wir hätten auf das Tageslicht warten können, aber wir wollten den Sonnenaufgang vom Gipfel aus sehen – und wir wussten, dass das Licht kommen wird. Es kam, als wir vorwärtsgingen; mit jedem Schritt wurde es heller. Der Anstieg war schwieriger, als ich ihn mir vorgestellt hatte – wie es bei meinen Reisen meistens der Fall ist –, aber die Wirkung dieses herrlichen Gipfelmoments war jede Mühe wert. Deshalb würde ich es wieder tun, und wieder, und wieder. Zu sehen, wie die Sonne aufgeht und zu spüren wie Licht und Wärme sich ausbreiten – all dies nahm ich durch den Aufstieg in der Dunkelheit noch intensiver wahr. Die Dunkelheit steigerte meine Gipfelfreude! Und darum geht es bei unserem schönen Durcheinander auch. Da ist eine Dunkelheit, in die wir uns begeben müssen, der Anstieg ist tückisch und die Bedingungen sind niemals perfekt, aber die Momente auf dem Gipfel sind es wert. Die Momente, in denen wir Gottes Licht über all dem aufgehen sehen, was unsere kleine Welt ausmacht; die Momente, in denen eine göttliche Offenbarung allem plötzlich Sinn gibt und wir nach langer Dunkelheit endlich sehen können – diese Momente sind es einfach wert.

Dein Wort ist wie ein Licht in der Nacht,
das meinen Weg erleuchtet.
Psalm 119,105

Kürzlich hörte ich eine Frau ihre Geschichte erzählen. Den größten Teil ihrer Jugend und ihres jungen Erwachsenenlebens musste sie sich prostituieren und wurde sexuell ausgebeutet. Wir bildeten gerade einige freiwillige Streetworker aus, und ich fragte meine Freundin (die vor Kurzem aus diesem Leben befreit worden war), ob sie ihre Geschichte erzählen würde, um uns zu helfen. Eine der Fragen, die ich ihr stellte, war, was sie über die freiwilligen Streetworker gedacht habe, die in Kleinbussen zu den Bedürftigen fuhren. Sie erklärte, dass sie sich eigentlich kaum über *irgend*jemanden Gedanken gemacht habe. Sie drückte es wie folgt aus:

Ich war so sehr in den Straßen und meiner eigenen Abhängigkeit gefangen ... selbst wenn ich euch ansah, war ich blind. Ich konnte gar nichts sehen.

Es war eine treffende Beschreibung eines Lebens in Dunkelheit. Ich fragte sie: „Was hat die Veränderung bewirkt? Was hat deine Blindheit überwunden?" Sie antwortete, dass es die anhaltende Freundlichkeit und Güte von Menschen gewesen seien, die das Licht gehabt hätten. Einmal (nach vielen Malen) drang ein Akt der Freundlichkeit zu ihr durch. Am Ende blutete ein Tritt gegen die Dunkelheit wirklich Tageslicht aus, und meine Freundin sah schließlich, dass es einen Ausweg gab – und nahm ihn.

Nun lebt sie ein neues Leben und hilft anderen Frauen, dasselbe zu tun. Es ist die Kraft des Lichts und die Bereitschaft von Menschen, durch die Dunkelheit zu reisen, um anderen dieses

Licht zu bringen. Ich fragte sie, ob sie uns irgendeinen Rat geben könne, weil wir versuchten, anderen in einer ähnlichen Situation zu helfen. Sie sagte, wir sollten niemals aufgeben. Niemals aufhören zu beten. Niemals aufhören, es zu versuchen. All dies bewegt etwas – egal, ob wir es gleich sehen können oder nicht. Die Dunkelheit hat eine lähmende Wirkung auf uns. Sie stoppt uns auf unserem Weg und hält uns davon ab, vorwärts zu gehen. Was wir in diesem Moment dringend brauchen, ist ein Licht, das die Dunkelheit vertreibt und uns wieder das Ziel erahnen lässt.

Zum Nachdenken

- Gibt es eine Situation, in der Sie sich fühlen, als würden Sie im Chaos und der Dunkelheit „feststecken"?
- Wer in Ihrer Umgebung macht gerade diese Erfahrung? Warum?
- Gibt es in Ihrer Gemeinde einen Bereich, der sich irgendwie „gelähmt" anfühlt?

Ein alter Freund namens John leidet an Parkinson. Er wirkt viel zerbrechlicher als früher. Das Laufen fällt ihm schwer und er spricht langsam und manchmal undeutlich. Ich hielt gerade einen Vortrag auf einer Veranstaltung, auf der wir darüber nachdachten, wie wir zu Menschen werden können, die sich im Kampf gegen Ungerechtigkeit engagieren. Mein Freund saß im Publikum.

Am Ende des Vortrags fragte ich die Anwesenden, ob sie auf das Gehörte antworten wollten. Ich bat sie, als Zeichen ihrer Zustimmung nach vorne zu kommen und ihren Fußabdruck in den Sand zu machen, der am Rand der Rednerbühne ausgestreut worden war. Viele Leute standen von ihren Plätzen auf und machten sich auf den Weg nach vorne. Mein Freund John war einer von ihnen. Zwei andere Leute stützten ihn auf beiden Seiten, und er ging schwankenden, unsicheren Schrittes langsam in Richtung Rednerbühne. Aber er schaffte es. Jeder Schritt war ein Sieg über die Krankheit, die ihm einreden wollte, dass er das nicht mehr könne.

Als ich John beobachtete, wurde mir schlagartig bewusst, wie einfach wir durch die Dunkelheit gelähmt werden, die das Chaos mit sich bringt. Das kann auf uns persönlich bezogen sein oder auf unser Arbeitsumfeld. Vielleicht stehen wir vor einem Berg, der so hoch ist, dass die einfachste Option wäre, umzudrehen und aufzugeben, oder – noch schlimmer – genau da zu bleiben, wo wir sind. Es besteht die Gefahr, dass wir im Stillstand verharren, „gelähmt" sind und keine Fortschritte machen. Also müssen wir das Licht suchen, das die Dunkelheit durchdringt. Wir müssen lernen, es ausfindig zu machen und uns zu ihm hinziehen zu lassen, auch wenn die Leute um uns herum weiterhin in der Dunkelheit gefangen sind. Wir brauchen einen Moment, der wie das morgendliche Zurückziehen der Vorhänge ist, einen Moment, in dem wir uns vom Licht der Offenbarung durchströmen lassen.

Vielleicht versuchen wir herauszufinden, was als Nächstes

in der Entwicklung eines Programms oder Arbeitsprojekts ansteht, das wir in einer chaotischen städtischen Gemeinde durchführen wollen. Was wir dann brauchen und uns sehnlichst wünschen, ist, dass der vor uns liegende Weg offenbar wird; wir brauchen es, dass das Licht eingeschaltet wird; wir brauchen es, dass der Weg vor uns erleuchtet wird. Wir brauchen ein Licht, das uns von der Dunkelheit trennt.

> Wir brauchen einen Moment, der wie das morgendliche Zurückziehen der Vorhänge ist, einen Moment, in dem wir uns vom Licht der Offenbarung durchströmen lassen.

Aber Offenbarung oder Licht kommt nicht im Stillstand. Das Licht kommt im Unterwegssein. Ein alter Prophet sagte:

Beseitigt jede Art von Unterdrückung! Hört auf, verächtlich mit dem Finger auf andere zu zeigen, macht Schluss mit aller Verleumdung! Nehmt euch der Hungernden an und gebt ihnen zu essen, versorgt die Notleidenden mit allem Nötigen! Dann wird mein Licht eure Finsternis durchbrechen. Die Nacht um euch her wird zum hellen Tag.
Jesaja 58,9–10

Campen in der freien Natur ist eine hervorragende Möglichkeit, um wieder den Bezug zur Schöpfung zu erlangen. Wenn man in einer klaren Nacht nach oben schaut, sieht man einzig und allein die Sterne. Schauen Sie sich um, alles ist dunkel und formlos, ohne Begrenzung. Schauen Sie nach oben, und da ist Licht. Im Laufe der Zeit beginnen Ihre Augen, sich an die Dunkelheit zu gewöhnen und das weit entfernte Licht der Sterne reicht scheinbar bis in die Finsternis um Sie herum hinein. Dinge, die bis dahin undeutlich waren, beginnen, Form anzunehmen und grenzen sich von ihrer Umgebung ab. Man kann die Dunkelheit nicht immer von dem einen auf den anderen Moment wegschicken, aber sie wird zunehmend schwächer, wenn das Licht kommt.

Als kleines Kind ging ich einmal inmitten einer geschäftigen Stadt verloren. Ich denke, ich war nur etwa drei Minuten von meinen Eltern entfernt, aber in meiner kindlichen Wahrnehmung hatte ich sie für immer verloren. Also stand ich wie angewurzelt mitten auf der Einkaufsstraße, umringt von Menschen, die alle größer und lauter als ich waren, und begann, ganz genau nach etwas oder jemandem Ausschau zu halten, das oder den ich wiedererkennen könnte. Ich achtete auf Kleidung und Gesichter. Ich achtete auf Stimmen und Gelächter. Und, was am wichtigsten war, ich hörte genau hin, ob in diesem ganzen Stimmengewirr jemand meinen Namen rief. Als ich dort stand und mir die Tränen in die Augen stiegen, weil ich Angst hatte, für immer in diesem Chaos und Trubel verloren zu sein, hörte ich meine Mutter. Sie rief meinen Namen und machte unseren „Familien-Pfiff". Durch das ganze Stimmengewusel hindurch konnte ich sie hören. Ich erkannte sie und begann vorsichtig, mich in Richtung ihrer Stimme und ihres Pfiffes zu bewegen.

Wir müssen den Mut haben, für einen Moment anzuhalten, um hören und sehen zu können, woher das Licht kommt. Es kann eine Weile dauern, bis wir es ausfindig gemacht haben, aber es wird kommen. Und wenn es kommt, müssen wir uns selbst sowie jene, die wir führen, auf dieses Licht zubewegen.

Aus *Der Herr der Ringe: Die zwei Türme* von J. R. R. Tolkien:

Sam: „Ich weiß, das ist alles falsch. Eigentlich dürften wir gar nicht hier sein, an diesem Ort. Aber wir sind hier. Das ist wie in den großen Geschichten, Herr Frodo, in denen, die wirklich wichtig waren. Voller Dunkelheit und Gefahren waren sie. Und manchmal wollte man das Ende gar nicht wissen, denn wie könnte so eine Geschichte gut ausgehen? Wie könnte die Welt wieder so wie vorher werden, wenn so viel Schlimmes passiert ist? Aber letzten Endes geht auch er vorüber, dieser Schatten. Selbst die Dunkelheit muss weichen. Ein neuer Tag wird kommen, und wenn die Sonne scheint, wird sie umso heller scheinen."

Die Morgendämmerung wird anbrechen. Das Licht wird kommen. Wie auch immer die Situation ist, in der wir uns persönlich befinden, oder mit was auch immer wir als Leiter einer Gemeinde oder eines Unternehmens konfrontiert sind – es ist unsere Aufgabe, das Licht zu finden, das göttliche Licht. Das bedeutet konkret, Gott um Hilfe zu bitten und geduldig zu warten, bis er den nächsten Wegabschnitt offenbart, und

Wir müssen den Mut haben, für einen Moment anzuhalten, um hören und sehen zu können, woher das Licht kommt. Es kann eine Weile dauern, bis wir es ausfindig gemacht haben, aber es wird kommen.

dabei anzuerkennen, dass man es selbst nicht herbeizwingen kann.

Denken wir noch einmal an mein Erlebnis in der Sinai-Wüste: Nach und nach kam die Morgendämmerung. Sie zeigte sich nicht auf einmal, sondern breitete sich langsam in einem unglaublich schönen Farbspiel aus. Das Göttliche war in ihrer Mitte. Und als die Sonne schließlich aufgegangen war, flutete das Licht die ganze Landschaft und erleuchtete alle Hügel und weit entfernten Berge. Die „Fackel", die wir für den Aufstieg benutzt hatten, war nichts im Vergleich zu diesem überwältigenden Licht.

Fragen

- Wo brauchen Sie Licht, um die Dunkelheit zu überwinden?

- Suchen Sie nach dem Licht an den richtigen Orten?

- Gibt es momentan irgendetwas, das Sie aufgeben wollen? Wenn ja, warum?

- Neigen Sie dazu, die Besteigung eines (Problem-) Berges nur als große Anstrengung zu sehen, anstatt sich mit ganzem Herzen auf die Erfahrungen dieser Reise einzulassen – um dann die Sicht vom Gipfel noch intensiver genießen zu können?

- Fühlen Sie sich momentan bei Ihrer Arbeit oder in Ihrer Position als Leiter einer Ihnen anvertrauten Menschengruppe wie in der Dunkelheit verloren? Warum? Was fehlt Ihnen? Was müssen Sie verändern?

- Wie fühlen Sie sich bei dem Gedanken, auszuharren und darauf zu warten, dass das Licht kommt?

- Wenn Sie versucht sind, aufzugeben, wie widerstehen Sie dem Drang, alles hinzuschmeißen? Was könnte Ihnen helfen, dass Ihnen dies noch besser gelingt? Wen müssen Sie um Hilfe bitten?

- An welcher Geschichte halten Sie sich fest, wenn Sie darauf warten, dass das Licht kommt und die Dunkelheit schwindet?

- Was ist momentan die größte Herausforderung, vor der Sie stehen?

KAPITEL VIER

DENKEN SIE GRÖSSER

Nach dem Chaos kam das Licht. Nach dem Licht kam die Trennung von Meer und Himmel – und somit die Entstehung der Weite. Weite ist eines von diesen „randlosen" Phänomenen. Es beschreibt einen offenen Raum. Es kann sein, dass wir uns mit dieser Vorstellung schwertun. Wir verbringen nicht oft Zeit in weiten, offenen Räumen, daher ist unsere Erfahrung von Weite ironischerweise begrenzt. Immer mehr Menschen entscheiden sich für ein Leben im städtischen Umfeld. Sie sind permanent umgeben von Gebäuden und Menschen. Selbst der Blick in die Weite des Himmels ist oft verbaut durch Hochhäuser, die sich zu einer imposanten Skyline verdichten. So staunt der moderne Mensch öfter über menschgemachte Bauwerke als über das Schöpfungskunstwerk Gottes.

Menschen nehmen oft nur das wahr, was direkt vor ihren Augen ist. Oft fehlt uns im wahrsten und übertragenen Sinne die Weitsicht – der Blick hinter das Vordergründige. Wenn wir uns ständig in begrenztem Lebensraum aufhalten, kann das auch unseren Blick auf die Welt bzw. das Leben beeinflussen. Wir entfremden uns von einer breiteren Sicht auf das Leben, verlieren den Blick für das „große Ganze" und geben uns zufrieden mit einseitigen Perspektiven und einer eingeschränkten Sicht – auf das Leben und uns selbst.

Gelegentlich erleben wir etwas, das unseren Blick hebt. Etwas, das in uns ein größeres Bild entstehen lässt und unseren Sinn für Raum und Weite sensibilisiert. Wir erinnern uns, dass es „mehr" gibt. Vor Kurzem machte ich mit einer Freundin eine Autoreise durch die kanadischen Rocky Mountains. Die Weite dieser Landschaft muss man erlebt haben! Die Straßen erstrecken sich kilometerlang und wo man auch hinsieht, ist man von atemberaubenden Bergen umgeben. Und gerade dann, wenn man glaubt, es könne gar nichts Großartigeres geben, fährt man um eine Kurve und begegnet noch mehr, was einem den Atmen raubt.

> Oft fehlt uns im wahrsten und übertragenen Sinne die Weitsicht – der Blick hinter das Vordergründige.

In solchen Momenten blieben wir oft sehr ruhig und unterbrachen die Stille nur, um einfach „wow" zu sagen, wenn uns die richtigen Worte für die unglaubliche Schönheit von Gottes Schöpfung fehlten. Unsere Stille, die für uns schon ein Wunder an sich war, sagte mehr als 1000 Worte darüber aus, welche Wirkung diese Augenblicke in dieser herrlichen Landschaft auf uns hatten. Wir fühlten uns überwältigt von der Weite des Landes und der Höhe der Berge und der Art, wie sie den Himmel berührten. Alles erschien so groß und erhaben. Im Vergleich dazu fühlten wir uns klein und unbedeutend.

Ich muss bekennen, dass ich in der Gegenwart eines Universums, das uns an fast jeder Stelle durchdringt, eine tiefe Demut empfinde. Ich komme mir vor wie ein Kind, das beim Spielen an der Seeküste ein paar bunte Muscheln und ein paar Kieselsteine gefunden hat, während der große Ozean der Wahrheit sich beinahe unberührt und ruhig vor meinen eifrigen Fingern erstreckt.

Sir Isaac Newton

Oftmals haben wir schon Probleme, den Schritt hinaus in die Weite zu wagen. Es ist, als ob wir mit unserem Auto durch eine atemberaubende Landschaft fahren, aber wegen der Schläge, die wir im Leben abbekommen haben, und dem Schmerz, den sie zurückließen, fühlen wir uns nicht in der Lage, unsere Augen zu heben und all das wirklich wahrzunehmen, was vor uns liegt. Unser Blick klebt auf dem Straßenboden oder wir konzentrieren uns nur auf das Radio oder den CD-Player, anstatt zwischendurch einmal aufzublicken und die Aussicht zu genießen.

Ich war an einem Projekt beteiligt, bei dem ausgegrenzte, gebrochene Menschen in einer sozial schwachen Wirtschaftsgegend im kanadischen Vancouver hinaus in die Weite geführt werden sollten. Die Frauen aus dieser Gegend (insbesondere diejenigen, die in den gewaltsamen Klauen der kommerziellen sexuellen Ausbeutung gefangen waren) werden jeden zweiten Monat zu einer Freizeit mit dem Titel *The Journey (Die Reise)* eingeladen. Die Freizeit findet an der schönen *Sunshine Coast (Sonnenscheinküste)* in British Colombia statt. Mit einer tollen

Fährfahrt gelangt man dorthin. Was mich bei diesem Erlebnis wirklich schockierte, war die Tatsache, wie viele dieser Frauen ihr Leben lang in Vancouver (das von Wasser umgeben ist) gelebt hatten und noch nie zuvor auf einer Fähre gewesen waren. Was für eine große Perspektiverweiterung muss diese Freizeit für sie gewesen sein! Kurze Zeit später traf ich einen Mann, der den Blick für die Weite auf noch viel drastischere Weise verloren hatte. Er behauptete, seit über einem Jahr nicht mehr wirklich aufgeblickt zu haben. Ein Jahr lang hatte er in gebeugter Haltung nach Crack auf den Bürgersteigen von Vancouvers „Kiez" gesucht.

Diese Beispiele für die Begrenztheit, die unser Leben haben kann, sind extrem, aber das Grundmuster ist immer dasselbe: Wenn wir ein geordnetes Leben führen, das sich nur um uns selbst dreht, ist dieses Leben oft durch Enge gekennzeichnet. Denken Sie daran, was die Verletzungen des Lebens bewirken können. Ein Blick darauf tut weh. Es ist der Blick auf das, was wir vielleicht verpasst haben, was wir uns selbst vorenthalten haben und schließlich der Blick auf das, was noch möglich wäre – wozu uns vielleicht aber der Mut fehlt.

Eine Freundin musste ein paar herausfordernde Themen in ihrem Leben aufarbeiten und kämpfte hart darum, so zu leben, dass sie nicht von ihrer Vergangenheit definiert wurde. Wie sehr sie auch versuchte, das Geschehene zu vergessen, sie konnte es

> Wenn wir ein geordnetes Leben führen, das sich nur um uns selbst dreht, ist dieses Leben oft durch Enge gekennzeichnet.

einfach nicht abschütteln. Es beeinträchtigte ihre Freundschaften, denn die Schatten ihrer Vergangenheit machten es ihr unmöglich, anderen Menschen ernsthaft zu vertrauen. Die Vergangenheit ist nicht etwas, das hinter uns liegt. Sie kann unsere Gegenwart und sogar unsere Zukunft massiv beeinflussen, indem sie unseren Blick vernebelt oder verengt. Dabei wartet vor uns die Weite.

Meine Freundin ging schließlich zu einem Pfarrer, um mit ihm über ihre Vergangenheit zu sprechen. Sie erzählte, dass in ihrer Geschichte viel Schmerz vorkam und dass dieser sie bis heute nicht loslassen würde. Der Geistliche sah sie an, lächelte und sagte, der Grund dafür sei, dass das Leben oftmals einfach Sch…e sei! Und genau in diesem Moment war es so, als ob meine Freundin endlich in einen offenen Raum gehen konnte. Unter die Vergangenheit wurde ein Schlussstrich gezogen. Sie konnte die vor ihr liegende Reise wieder sehen, auch wenn die einzelnen Etappen noch nicht festgelegt waren. Dem Licht folgte die Weite. Indem der Pfarrer die Dinge ganz einfach beim Namen nannte und sie nicht kleinredete, half er ihr loszulassen und den Blick wieder nach vorne zu richten – auf die Weite, die auf sie wartete.

Während des Prozesses, in dem man Gottes Schöpfungskraft entdeckt, ist die Bewegung aus dem Chaos heraus und das bewusste Wahrnehmen und Atmen in der Weite entscheidend.

> Die Vergangenheit kann unsere Gegenwart und sogar unsere Zukunft massiv beeinflussen, indem sie unseren Blick vernebelt oder verengt. Dabei wartet vor uns die Weite.

Aber die Weite, das große Ganze oder die Geschichte hinter allem, sehen zu können, ist nicht immer leicht.

Vor einigen Jahren waren 3D-Bilder sehr beliebt. Man nannte sie auch „Magic Eye". Um zu erkennen, was in den dargestellten Mustern versteckt ist, braucht man eine besondere Fähigkeit und Begabung. Man muss ganz genau auf das Bild schauen und plötzlich erkennen wir das Motiv, das sich eigentlich hinter dem Bild verbirgt. Dazu muss man jedoch auf das gesamte Bild schauen und seinen Blick nicht von Voneherein auf einen Punkt fixieren. Wenn wir uns darauf einlassen, entdecken wir auf einmal Unerwartetes, Ungewöhnliches. Gott sendet kein Licht, das uns an belanglose Orte führt. Die Hirten der Weihnachtsgeschichte sind tolle Beispiele dafür. Sie lebten ein bescheidenes Leben, immer verwickelt in ein kleines Drama um die eigene Existenz. Begleitet von einer Symphonie aus himmlischen Chören und umgeben von verklärtem, göttlichem Licht offenbaren ihnen die Engel plötzlich etwas, das auf ewig großartiger und wundervoller war als ihr eigenes kümmerliches Leben. Sie nahmen die Einladung an und tauchten auf ihrem Weg zum Stall in Bethlehem in eine Dimension ein, die viel größer war als alles, was sie sich hätten erträumen können. Sie liefen hinein in die Tiefen der Neuerschaffung der Welt. Als „das Licht der Welt" geboren wurde und die Hirten durch das Licht des Sterns zu ihm hingeführt wurden, entstand eine ganz neue Welt – für sie und alle anderen Menschen. Nun wurden die Hirten aus der Enge ihres Hirtenlebens in die Weite von Gottes ewigem Reich geführt.

Ich muss schmunzeln bei dem Gedanken daran, wie es wohl für die Hirten gewesen wäre, wenn sie damals schon gewusst hätten, dass sie jedes Jahr an Weihnachten in der glorreichsten Geschichte auf Erden auftauchen würden. Die Geschichte der Menschwerdung Gottes kann schließlich nicht ohne die Hirten erzählt werden. Denn die göttliche Ordnung brachte gleichzeitig Chaos und Offenbarung ins Leben der Hirten. Ihre Lebenswirklichkeit wurde aus ihrem gewöhnlichen Alltag heraus in ungeahnte Höhen gehoben – durch die Entdeckung des größten Heils der Menschheitsgeschichte.

Die Wahrheit ist, dass manchmal die Last der Umstände, in denen wir uns befinden, bewirken kann, dass wir unser Gefühl für die Weite verlieren. Das kann das scheinbar sinnlose Streben nach Gerechtigkeit für diejenigen sein, die nicht für sich selbst sprechen können, oder die wiederkehrende Erschöpfung, wenn man eine Organisation führt und immer wieder auf Widerstände stößt.

Weite kann außerdem unglaublich beängstigend erscheinen, wenn man sich überwältigt fühlt. Doch die Weitsicht zu verlieren ist gefährlich, denn sie ist der Nährboden für unsere Ziele und Visionen. Ohne diesen „Anker" kann es passieren, dass wir aus dem Blick verlieren, warum wir tun, was wir tun und dass unsere Motivation, durchzuhalten schwindet.

> Doch die Weitsicht zu verlieren ist gefährlich, denn sie ist der Nährboden für unsere Ziele und Visionen.

Zum Nachdenken

- Was ist die Antwort auf das „Warum" in Ihrem Leben?
- Warum tun Sie die Arbeit, die Sie tun?
- Warum leben Sie dort, wo Sie leben?
- Wenn Sie morgens aufstehen, wie gehen Sie Ihren Tag an?
- Was würden Sie an Ihrem Leben gerne ändern, wenn Sie die Chance dazu hätten?
- Was würden Sie gerne an Ihrer beruflichen Situation ändern?
- Welche Sache würden Sie gerne in der Gemeinschaft ändern, zu der Sie gehören?

Wenn wir gerade dabei sind, eine neue Arbeit in unseren örtlichen Gemeinden zu beginnen, können wir den Blick auf die große Geschichte und das große Ganze verlieren (wie auch auf die, mit denen wir unterwegs sind). Dasselbe trifft zu, wenn wir uns mitten im Chaos von persönlichen Kämpfen oder Kämpfen innerhalb von einer Gemeinschaft befinden.

Egal durch welche Stadt Sie gehen, Sie werden nur sehr selten Leute sehen, die nach oben schauen. Die meisten schauen geradeaus. Der Künstler Anthony Gormley platzierte eine Reihe von Statuen im Umkreis der Themse in London. Einige von diesen Statuen wurden auf Augenhöhe platziert. Touristen ließen sich gerne mit ihnen fotografieren. Man konnte sie anfassen; sie waren greifbar. Die Statuen waren etwas über Lebensgröße und es war immer eine nette Überraschung, einer von ihnen auf dem Gehweg zu „begegnen"! Aber ich glaube, dass nur wenige Leute von jenen Notiz nahmen, die auf den Dachspitzen einiger Gebäude platziert worden waren. Sie waren hoch oben angebracht, jenseits der unmittelbaren Sichtlinie. Sie schauten buchstäblich auf jeden von uns herab, denn sie konnten die Weite Londons sehen und waren nicht im Kleinen und Engen gefangen. Weite findet man, wenn man auch im Alltag wagt, immer wieder einmal die Perspektive zu wechseln.

In meinem eigenen Leben hat es Zeiten gegeben, in denen ich zu hinterfragen begann, ob das, was ich tat, wirklich wichtig war. Ich hatte aus dem Blick verloren, warum ich mich entschieden hatte, so zu leben, wie ich es tat. Ich erinnere mich daran, wie ich einer Freundin mein Leid klagte. Sie schlug vor, ich solle doch einmal meine ideale Tätigkeitsbeschreibung erstellen und darüber beten. Das hielt ich für eine tolle Idee. Also begann ich, eine Liste mit Dingen zu erstellen, die ich gerne tun würde, wenn mir nichts im Wege stehen würde. Dinge, bei denen ich das ausleben könnte, was ich glaube und wozu ich mich berufen fühle.

> In meinem eigenen Leben hat es Zeiten gegeben, in denen ich zu hinterfragen begann, ob das, was ich tat, wirklich wichtig war. Ich hatte aus dem Blick verloren, warum ich mich entschieden hatte, so zu leben, wie ich es tat.

Als ich die Liste vervollständigt hatte, erkannte ich etwas: Auf ihr standen sämtliche Dinge, die ich bereits auslebte. Eigentlich *lebte* ich schon in der Weite, lediglich mein Blick hatte sich verengt. Es war, als ob ich „den Wald vor lauter Bäumen" nicht sah. Das kann häufiger passieren, als wir glauben möchten. Bei einem Großteil der Zeit, die wir mit

Gott verbringen, geht es darum, dass er uns an die größere Geschichte erinnern will, in der wir uns befinden. Die Bedeutung
von dem, was wir tun. Warum es wichtig ist. Warum *wir* wichtig sind.

Einer der charakteristischen Kennzeichen der jüngsten Zeit
ist das Fehlen einer bedeutenden Erzählung, einer großen Geschichte oder eines großen Bildes, in dem Menschen ihr Leben
platzieren und ihre Aufgabe verstehen können. Die Postmoder-
ne hat den Menschen viel Kreativität und Freiheit gebracht,
und diese Freiheit hat ihnen den Raum und die Möglichkeit ge-
währt, Fragen zu stellen, die vorher nicht denkbar gewesen wären. Aber ohne das Wissen um eine letzte Wahrheit wird die
Sehnsucht der Menschen niemals gestillt.

*Hier ist nun mein Geheimnis – ich erzähle es Ihnen mit einer
Offenheit des Herzens, von der ich bezweifle, dass ich sie jemals
wieder erreichen werde, daher bete ich, dass Sie sich in einem
stillen Raum befinden, wenn Sie diese Worte hören. Mein
Geheimnis ist, dass ich Gott brauche – dass ich krank bin und
es nicht länger alleine schaffen kann. Ich brauche Gottes Hilfe,
damit ich geben kann, denn ich scheine nicht länger geben
zu können; ich brauche seine Hilfe, um freundlich zu sein,
da ich nicht länger zur Freundlichkeit fähig zu sein scheine;
ich brauche seine Hilfe, um zu lieben, da ich scheinbar nicht
länger fähig bin zu lieben ...*[6]

Für viele Menschen kann die Erfahrung der Weite einschüchternd und sogar Furcht einflößend sein. Sie kann sich wie das große Ungewisse anfühlen, daher erscheint sie als unsicherer und potenziell riskanter (innerer) Aufenthaltsort. Genau aus diesem Grund muss man zu der großen Geschichte zurückkehren, die Gott mit und für uns Menschen geschrieben hat – zu seiner Vision für uns und dem Sinn hinter allem, was uns in dieser Weite begegnen kann.

Wenn man dann in der Weite angekommen ist, tut es gut, sich hin und wieder darüber bewusst zu werden, warum wir dort sind; darüber, warum man tut, was man tut, und auch darüber, wie man es tut.

Das verschafft einem die nötige Orientierung und nimmt den scheinbar unbegrenzten Möglichkeiten ihren Schrecken. Stellen Sie sich vor, Sie unternähmen eine Reise ohne ein Gefühl für die richtige Richtung oder das große Endziel. Ohne diese Dinge sind Sie wahrscheinlich bereits verloren, bevor Sie sich auf den Weg machen. Ohne ein Gefühl für die große Geschichte bzw. das große Ganze im Hintergrund können die Zeiten sehr schwer werden. Wir wirbeln zwischen all den unmittelbar vor uns liegenden Dingen umher, ohne uns damit zu befassen, welche Langzeitvision wir überhaupt verfolgen.

Bitte beachten Sie, es geht nicht darum, jede Etappe und jeden einzelnen Schritt im Voraus zu kennen. Schließlich habe ich Sie im Laufe dieses Buches schon mehrfach zum mutigen Loslaufen mitten hinein ins Chaos aufgefordert. Doch es geht darum, gerade im Chaos den Blick auf Gott gerichtet zu halten und nach dem großen Plan für das eigene Leben Ausschau zu halten, den es sicher gibt – trotz chaotischer Lebensphasen.

Doch wir müssen uns zunächst davon verabschieden, alles vorher genau wissen und bestimmten zu wollen – erst recht, wenn es um Gott geht. Denn das ist eine tiefe geistliche Wahrheit: Sogar unsere Beziehung zu Gott kann unbedeutender sein, als sie sein muss. Wenn wir versuchen, Gott und seine Art zu wirken, in ein bestimmtes Schema zu pressen, verpassen wir das geheimnisvolle Abenteuer, das er für uns bereithält – ein Abenteuer, das nicht dafür gedacht ist, das Leben vorhersehbar zu machen, sondern unseren Glauben an einen Gott zu stärken, dessen Wege viel höher als unsere Wege sind.

> Doch es geht darum, gerade im Chaos den Blick auf Gott gerichtet zu halten und nach dem großen Plan für das eigene Leben Ausschau zu halten, den es sicher gibt – trotz chaotischer Lebensphasen.

Ich erinnere mich daran, wie ich anfing, mit Gebetsübungen zu experimentieren, die mir einen neuen Zugang zum Gebet verschaffen sollten. Ich benutzte meine Vorstellungskraft, um mir einen sicheren Ort vorzustellen, an dem ich mit Jesus reden konnte. Vor meinem inneren Auge saß ich auf einer Bank, von der aus ich über das Meer blicken konnte. (Diese Bank gibt es übrigens wirklich und sie befindet sich auf meiner Laufstrecke.) Dort machte ich es mir gemütlich, bis Jesus auftauchte. In meiner Vorstellung war er gekleidet wie die Männer aus *Mission Impossible*. Er trug einen Trenchcoat und einen Hut und dramatische Musik erklang, während er auf mich zukam. Dann übergab er mir eine Notiz mit meiner „Mission". Nun musste ich mich entscheiden, ob ich sie auch durchführen wollte.

Diese „Gebetsbild" war dramatisch und lustig zugleich. Jedes Mal, wenn ich diese Übung machte, sah ich dieselbe Vision. Schließlich wurde ich neugierig und so fragte ich Jesus beim nächsten Mal: „Warum treffen wir uns eigentlich ständig auf diese Weise?" Jesus antwortete: „Ich dachte schon, du würdest mich das nie fragen!" Dann zog er seine Verkleidung aus und setzte sich wie ein Freund neben mich. Er hielt noch viel mehr Dinge bereit, die er mit mir teilen wollte: Einblicke in seinen göttlichen Charakter, in das Wunder der Schöpfung und nicht zuletzt in mein kleines Leben mit allen Menschen darin.

> Wenn wir versuchen, Gott und seine Art zu wirken, in ein bestimmtes Schema zu pressen, verpassen wir das geheimnisvolle Abenteuer, das er für uns bereithält.

Auf all das wollte er mir seine Sicht offenbaren. Mir wurde bewusst: Jesus ist viel mehr als ein Auftraggeber für geheime Missionen – schon gar nicht für „unmögliche Missionen". Er ist ein Liebhaber, Freund, Führer, Lehrer, Partner, und noch mehr als all das. Gott lädt uns zu einer Beziehung mit ihm ein, die sich ständig erweitert und so facettenreich ist wie sein göttliches Wesen selbst. Er als der lebendige, ewige Gott möchte, dass auch unsere Beziehung zu ihm lebendig ist und dass wir in ihr offen bleiben für Wachstum und Veränderung. Sobald unsere Beziehung zu ihm stagniert, weil unser Bild von ihm zu klein und starr geworden ist, haben wir das Wesentliche von dem verloren, was es heißt, geistlich zu sein. Sobald wir versuchen, Gott kontrollierbar zu machen, begegnen wir ihm nicht mehr als dem lebendigen, über unsere Vorstellungskraft souverän handelnden Gott.

Wir brauchen eine große Vision. Das gilt für jede Beziehung zwischen Menschen, die miteinander an etwas arbeiten. Wenn keine übergeordnete, verbindende Vision da ist, können Spannungen zwischen Mitarbeitern an die Oberfläche treten. Gut funktionierende Teams brauchen einen Grund und eine Ausrichtung für ihre Arbeit. Sie müssen wissen, zu was sie etwas beitragen, wenn sie ihre Rolle darin gut ausführen wollen. Wenn diese Vision nicht vorhanden ist oder nur in den Köpfen der Menschen vor sich hin dämmert, können Gruppen an Herausforderungen zerbrechen, die man sonst einfach gemeinsam durchstehen würde. Eine gemeinsame Vision wirkt wie ein Klebstoff, der alle Beteiligten zusammenhält, auch wenn Probleme auftreten sollten. Im Lauf der Zeit kann die Einigkeit über die Vision jedoch schwinden.

Eine gemeinsame Vision wirkt wie ein Klebstoff, der alle Beteiligten zusammenhält, auch wenn Probleme auftreten sollten.

Daran wurde ich durch ein Telefongespräch mit einer Kollegin erinnert. Meine Kollegin (und Freundin) erklärte, sie wisse nicht mehr, von was sie ein Teil sei und wie ihre Arbeit zu dem großen Ganzen beitrage. Sie hatte die Vision, an die sie einmal geglaubt hatte, irgendwie aus dem Blick verloren. Sie war in eine andere Stadt gezogen und lebte nun in einer Gemeinde, die durch viele herausfordernde soziale Problemen gekennzeichnet war. Sie war etwa 240 km von ihren nächsten Verwandten entfernt und alles erschien ihr gerade beschwerlich. Ihre aktuelle Lebenssituation war angespannt. Als Leiterin hatte ich drei unmittelbare Aufgaben:

- sorgfältig und aktiv zuzuhören, was gesagt wurde;
- meine Kollegin zu ermutigen, ihr für die gebrachten Opfer sowie für die fantastischen Anfänge einer neuen Entwicklung in der Gemeinde zu danken;
- die Geschichte, an der sie sich ursprünglich orientiert hatte, neu zu erzählen und sie zu bitten, ihre Rolle darin (wieder) zu finden.

Die Aufgabe eines Leiters ist es, diese große Geschichte einmal und dann noch tausende Male mehr zu erzählen – und alle Nachfolger mit der Aussicht zu ermutigen, selbst Teil dieser Geschichte zu werden und zur Realisierung der ultimativen Vision beizutragen.

Weite zuzulassen und zu fördern, damit das Bild des „großen Ganzen" entstehen kann, ist deshalb von grundlegender Bedeutung. Das gilt nicht nur für Wachstumsprozesse in einer Leitungsfunktion. Es gilt auch im Hinblick auf unsere persönliche Entwicklung. Muhammad Yunus erhielt den Nobelpreis für seine richtungsweisende Methode des Bankwesens, bei der Armut mit der Durchführung von Mikrofinanzprojekten mit einigen der ärmsten Menschen Asiens bekämpft wird. Als er nach der

Motivation für seine Arbeit gefragt wurde, gab er eine kraftvolle und doch sehr einfache Antwort. Er erklärte, er habe sich eine Welt vorgestellt, in der es keine Armut gebe. Des Weiteren sagte er: „Man kann nur das aufbauen, was man sich vorstellen kann." Yunus sah die Weite und ist zuversichtlich in sie hineingetreten. Seine Schritte wurden sicher geleitet durch eine zugrundeliegende Vision.

Fragen

- Was am Leben genießen Sie am meisten?

- Was könnte Ihr Lebensmotto sein?

- Wie oft erinnern Sie sich daran oder denken darüber nach?

- Welche Dinge verzerren oder stören Ihre Vision?

- Haben Sie das Gefühl, im Leben „berufen" zu sein?

- Wie beeinflusst dies die Entscheidungen, die Sie treffen?

- Skizzieren Sie die großen Entscheidungen, die Sie in den vergangenen fünf Jahren getroffen haben. Wovon wurden diese Entscheidungen bestimmt? Welches Muster erkennen Sie?

- Was tun Sie momentan, um das Gesamtbild sehen zu können?

- Aus welchen Gründen tun Sie das, was Sie tun?

- Welche Dinge blockieren Ihre Vision des großen Ganzen?

- Was benötigen Sie, um etwas verändern zu können, um Ihre Vision mehr vor Augen zu haben?

KAPITEL FÜNF

SICHER LANDEN

Der ganze Unterschied zwischen Bauen und Erschaffen ist
genau dieser: dass eine gebaute Sache erst geliebt werden kann,
nachdem sie gebaut wurde, aber eine erschaffene Sache wird
geliebt, bevor sie existiert.

Charles Dickens

Vor vielen Jahren ging ich einmal Fallschirmspringen. Eine Freundin und ich machten uns gut in den Übungslektionen, weshalb wir schon nach ein paar Stunden unsere Fallschirm-Prüfung ablegen konnten. Mit einem kleinen Flugzeug flogen wir dann hoch hinaus und wagten schließlich den Sprung in die Tiefe.

Es widerspricht jedem menschlichen Instinkt aus einem fliegenden Flugzeug zu springen. Geübt hatten wir in einer Scheune – wir waren von der höchsten Stelle gesprungen und hatten gelernt, mit unserer kompletten Fallschirmausrüstung zu landen. Aber nichts kann einen tatsächlich auf diesen Moment vorbereiten, wenn man sich aus Tausenden von Metern Höhe in die Luft hinauswirft und auf die Erde in Miniaturansicht zusteuert. Die Luft war zu kalt zum Atmen – das heißt, ich weiß gar nicht, ob ich überhaupt noch atmete so atemberaubend war das Erlebnis, aber ich liebte es. Ich liebe Abenteuer und alle verrückten Sachen. Ich liebe es, mein Herz zum Klopfen zu bringen, deshalb liebte ich auch diesen Sprung. Mein Herz klopfte nicht nur schneller, es raste. Ich liebte jeden Moment von diesem Erlebnis. Ich liebte den Teil, als ich mich aus dem Flugzeug werfen musste, ich liebte den Augenblick, in dem sich der Fallschirm automatisch öffnete und ich liebte das unbeschreibliche Gefühl, durch diesen weiten, offenen Raum zu schweben und dabei die herrliche Aussicht zu genießen. Das alles war einfach ein großer Spaß!

Doch dann kam die Landung. Das war erstaunlicherweise der schwierigste Teil des Sprungs. Man sollte es nicht glauben, aber es stimmt. Zwar ist der Absprung eine hochdramatische Angelegenheit, aber die Landung hat es in sich. Während die Erde auf einen zurast, muss man seine Knie beugen und seinen Körper in die größtmögliche Spannung versetzen, um dann beim Aufprall in die Hocke zu gehen und sich direkt abrollen zu können. So vermeidet man, dass man sich die Fußgelenke oder gar Beine bricht. Man muss sich hoch konzentrieren, darf aber nicht nach unten schauen – denn dann gerät man in Panik, verliert womöglich die Körperkontrolle und bricht sich doch etwas. Man muss seinen Blick auf den Horizont gerichtet lassen und dem Drang widerstehen, die sich nähernde Erde zu fixieren. Wichtig ist es auch, etwas Schwung zu behalten und nicht zu verkrampfen, damit die lockere Landung gelingt.

Die Landung – wenn man darüber nachdenkt, ist sie fast immer der verzwicktere Teil.

Richtig zu landen scheint generell schwierig zu sein. Ich erinnere mich daran, wie ich einmal mit meiner Mutter die olympischen Turnwettkämpfe ansah. Egal, wie hoch die Turner sprangen oder wie großartig ihre Performance am Reck war, entscheidend war immer die Landung. Auf sie warteten alle gespannt. Für die Landung erhält man schließlich den Großteil aller Punkte. Kann der Turner nicht gut landen, ist seine Vorstellung zwar gut, aber nicht außergewöhnlich. Erst wenn auf eine tolle Turnübung eine sichere Landung folgt, hat er gute Aussichten auf den Sieg. Ich erinnere mich, dass ich deshalb bei jeder Landung den Atem anhielt. *Wird er – oder sie – sicher landen?*

Wenn wir uns auf Gottes schöpferisches Chaos in unserem Leben einlassen, ist das ein bisschen wie der Sprung aus einem Flugzeug. Wir bekommen eine Ahnung davon, was möglich ist, wenn wir den Sprung ins Ungewisse wagen. Unser Leben beginnt, größer zu werden. Wir werden in weite, offene Räume geführt – Räume zum Träumen, zum Leben und zum Sein. Räume, die unseren Horizont erweitern und uns die Größe von Gottes Plan erkennen lassen. Doch dann müssen wir wieder landen und Halt auf einem sicheren Fundament finden.

Eine gute Landung ist unerlässlich, um eine Grundlage zu schaffen, auf der sich unser neues Leben ausbreiten kann. Ohne einen Platz, an dem wir „stehen" können, werden wir leicht umgeweht, wenn ein Wind aufkommt. Die Stürme des Lebens können hart sein. Sind wir dann nicht fest verwurzelt, können wir umstürzen. Wir können in dem Raum des Neuen verloren gehen, wenn wir Gott nicht erlauben, uns zwischendurch auch immer wieder auf einem festen Fundament landen zu lassen.

Landung bedeutet, dass unsere neuen Erkenntnisse oder emotionalen Höhenflüge geerdet werden. Dinge werden greifbar und beginnen, auf gutem Boden beständig zu wachsen. Der Boden ist auch in der Schöpfungsgeschichte entscheidend. Er ist die Grundlage unserer Nahrung, die Wasserquelle, der Ursprung allen Lebens. Der Boden, die Landung, ist entscheidend.

Gott möchte uns beim Landen helfen, indem er in jedem von uns ein Fundament schafft. Einen Ort, wo wir aufgebaut werden können. Einen Ort, wo neues Leben tiefe Wurzeln schlagen kann, damit es nichts Unbeständiges wird, das leicht wieder zerstört werden kann. Unser neues Leben ist dazu bestimmt, von Dauer sein. Wir wollen ein Leben führen, das im Boden verankert ist, das Tiefgang hat und ein verlässliches Fundament. Aber keine Sorge, hiermit ist kein Feststecken oder Stillstand gemeint! Wenn wir in Gott verankert sind, schließt das Bewegung mit ein.

> Gott möchte uns beim Landen helfen, indem er in jedem von uns ein Fundament schafft. Einen Ort, wo wir aufgebaut werden können. Einen Ort, wo neues Leben tiefe Wurzeln schlagen kann.

In der Schöpfungsgeschichte ist der „Landeort" kein Fundament wie das eines Betonhauses – es ist eine großräumige Weite. Ein Land mit Pflanzen, Tieren und Früchten. Das Bild der Schöpfung zeigt, dass die Beschaffenheit des Landes ursprünglich ausschließlich organisch war. Statt aus Beton war die Grundlage des Lebens ein lebendiger Organismus, der Früchte und neues Leben hervorbrachte, so wie wir es heute noch in der Natur finden. Ich mag dieses Bild eines lebendigen Fundaments, nicht statisch und vorhersehbar, sondern wild, frei und voll von Leben – wie ein wunderschöner, wilder Garten. Das Fundament, auf dem Gott unser Leben bauen möchte, ist ein atmender Körper, kein ruhender Sockel. Die Landung ist entscheidend, aber sie ist nicht das Ende des Abenteuers. Sie ist das neue Fundament, auf dem alles andere wächst. Wenn Sie die Landung richtig hinbekommen, können Sie danach Großes erwarten.

> Ich mag dieses Bild eines lebendigen Fundaments, nicht statisch und vorhersehbar, sondern wild, frei und voll von Leben – wie ein wunderschöner, wilder Garten.

Psalm 1 vergleicht unser Leben als Christen mit dieser ursprünglichen Anordnung der Schöpfung. „Er [ein solcher Mensch] ist wie ein Baum, der nah am Wasser gepflanzt ist, der Frucht trägt Jahr für Jahr und dessen Blätter nie verwelken. Was er sich vornimmt, das gelingt."[7] Verwurzelt zu sein heißt, gefestigt zu sein. Es heißt, geborgen zu sein, aber dennoch lebendig. Frucht bringen – das geschieht immer, wenn wir das Neue in unserem Leben zulassen. Jesus sagte: „Ich aber bringe Leben – und dies im Überfluss."[8] Was könnte mehr Überfluss bringen als ein Garten, der ständig wächst und im wunderbaren Wandel ist?

Aber um in diesem Garten zu „landen", braucht es Zeit und Arbeit. Der Boden ist reichhaltig und tief. Doch um Gutes auf ihm wachsen zu lassen, muss man zunächst etwas investieren. Denken Sie an die Geschichte, die Jesus von dem Bauherrn erzählte, der sein Haus auf Sand baute. Es war leicht zu bauen und erforderte nicht so viel Arbeit, doch sobald ein Sturm aufkam, wurde es weggeweht. Wie viele von uns haben ihr Leben auf unstabilen Fundamenten gebaut? Manchmal liefern wir die besten „Turnübungen" – wir wirbeln durch die Luft und sind dabei hübsch anzusehen, aber wir bekommen einfach keine sichere Landung hin. Wir können nicht stehen, wenn wir es wirklich müssten. Wir leben ein spektakuläres Leben ohne jede Standhaftigkeit. Wenn ein Sturm kommt, entpuppt sich unsere Ehe als oberflächlich, unsere Freunde als wankelmütig und unser ganzes Leben als eine Aneinanderreihung von Luftsprüngen ohne Landeplatz.

Einmal war ich mit dem Flugzeug unterwegs. Meinen ersten Flug hatte ich verpasst, und dieser war der nächste, den ich kriegen konnte. Um buchstäblich voranzukommen war das Annehmen von Chaos in dieser Situation besonders gefragt. Ich nahm Platz neben einem Mann, der gerade eine Städtereise hinter sich hatte. Er erzählte mir, er habe auf dem Hinflug neben einem „Evangelisten" gesessen. Dann fragte er mich: „Was machen Sie so?" Ich verzog keine Miene und sagte: „Ich bin Evangelistin." Ich konnte sehen, wie er blass wurde.

Ich unterbrach die unangenehme Stille, indem ich ihn ganz direkt fragte: „Wie lange laufen Sie schon vor Gott davon?" Er sah geschockt aus. „Woher wissen Sie das?" Darauf erwiderte ich: „Das ist keine große Wissenschaft. Zwei reisende Evangelisten auf zwei Flügen während eines Wochenendes? Machen Sie Witze?"

Er begann, mir seine Geschichte zu erzählen. Sie handelte von einem Leben ohne jedes Fundament. Es gab nichts, das stark genug gewesen wäre, ihn zu erden. Nichts, was tief genug gewesen wäre, um ihn im Wechsel der Zeiten standhaft und innerlich gesund zu halten. Sein Leben war oberflächlich und traurig. Geld, Sex, oberflächliche Beziehungen, das Hinaufklettern einer Karriereleiter, die dann zusammenbrach – all das führte dazu, dass sein Leben am Ende ein großer Scherbenhaufen war. Ihm war einfach keine sichere Landung gelungen. Sein Leben war auf dem falschen Fundament gebaut.

Wir redeten den ganzen Flug lang. Er schüttete mir sein Herz aus, und ich hörte zu. Er fragte, was er tun könne, um alles zu ändern. Ich erwähnte, dass ich jemanden kenne, der Menschen wieder neu anfangen lasse. Der ganze Prozess begänne meistens mit Chaos und innerer Zerrissenheit, aber inmitten von all dem warte Gott und wolle neue Ordnung in sein Leben bringen – seine Ordnung. Jesus biete eine neue Art zu leben an – ein Leben mit Vergebung, Heilung, Hoffnung, Licht, Zukunft und einem festen Fundament. Mit Jesus könne ihm die Landung in seinem Leben noch gelingen.

Damit „landete" ich bei ihm. Mein Sitznachbar entschied sich noch während des Fluges dazu, Jesus sein Leben anzuvertrauen.

Er wollte nicht länger warten. Die Sehnsucht nach einem Leben mit mehr Tiefe war zu groß. Also beteten wir. Als wir unsere Koffer abholten, kam er zu mir, um mir zu danken. „Sie haben heute Abend mein Leben gerettet." Ich fand es nett von ihm, das zu sagen, aber erinnerte ihn daran, dass nur Jesus Menschen retten und ihnen einen Neuanfang schenken könne. „Oh nein, das meinte ich nicht", sagte er. „Ich hatte alles durchgeplant. Ich wollte heute Abend mein Leben beenden. Jetzt will ich leben."

Die Landung ist entscheidend. Tiefe, Echtheit, Verwurzelung. In einer Kultur, die besessen von einer oberflächlichen Lebensführung und verblendendem Erfolg ist, kann man diese Form von Leben jedoch nicht einfach kaufen; man muss sie wachsen lassen. Es ist ein Prozess. Deswegen benutzt Gott in der Bibel so häufig das Bild des Gärtnerns und beginnt die Schöpfung mit einer lebendigen Erde statt mit einem leblosen Gebäude.

In Matthäus 13,32 vergleicht Jesus den Glauben mit einem Samenkorn, das in die Erde gepflanzt wird. „Es ist zwar das kleinste von allen Samenkörnern, aber wenn es aufgeht und wächst, wird es größer als andere Sträucher. Ja, es wird zu einem Baum, auf den die Vögel fliegen, um in seinen Zweigen ihre Nester zu bauen." Dann vergleicht Jesus unser Herz mit dem Boden, auf den das Samenkorn fällt (Markus 4). So wie aus dem Senfkorn ein Baum wird, kann auch aus dem neuen Leben, das Gott in uns anlegt, etwas Großes wachsen, wenn wir ihm einen guten Nährboden geben.

Wachstum und Verwurzelung, Land und Erde. Mit all dem sind wir eng verbunden. Wir sind sogar aus Erde gemacht – so steht es in der Schöpfungsgeschichte. Und wir werden alle wieder zu Erde werden. Aber in der Zwischenzeit ist es wichtig, *wie* wir leben. Unsere Fähigkeiten, unsere Wünsche, unsere Beziehungen müssen wie ein Garten gepflegt werden: verwurzelt in guter Erde. Wir brauchen Dinge in unserem Leben, die wirklich von Bedeutung sind; Dinge, die ewige Wahrheiten in sich tragen. Wir brauchen eine Tiefe des Seins, die uns schwere Zeiten überstehen lässt und eine Perspektive für die Zukunft gibt. Wir brauchen eine gesicherte Hoffnung.

Ich kenne ein tolles Ehepaar. Sie haben Tiefgang, sind liebenswürdig, und die Liebe, die sie für einander empfinden, ist selbst für Außenstehende spürbar. Sie ist nicht neu – sie ist reif. Sie ist schön. Einmal fragte ich die Frau, wie es kommt, dass sie einander so sehr liebten. Sie erzählte mir von dem tragischen Tod ihres jüngsten Sohnes. Er wurde von einem Auto getötet und sie gingen als Ehepaar gemeinsam durch dieses schreckliche Trauma. Viele denken, dass bei Paaren, die ein Kind verloren haben, die Scheidungsrate extrem hoch sei (80 bis 90 Prozent). Solche Behauptungen basieren auf Statistiken aus einer Studie von Teresa Rando aus dem Jahr 1985[9]. Die meisten Paare, die den Verlust eines Kindes erleiden mussten, bleiben tatsächlich nicht zusammen. Die beiden wussten dies. Doch am Totenbett ihres jüngsten Sohnes beteten sie zusammen. Sie baten Gott, die Gebrochenheit zu nehmen, die der Verlust ihres Sohnes mit sich brachte, und sie zu gebrauchen, um sie zusammenzuschweißen. So wurde diese schmerzliche Erfahrung zum Fundament ihrer Beziehung. Ihre Ehe ist nicht zufällig tief. Die Tiefe ihrer Beziehung ist verwurzelt in der Realität von Schmerz und Unglück, aber auch in dem Versprechen, dass Gott sie hindurchtragen wird. Gott schenkte ihnen

> Unsere Fähigkeiten, unsere Wünsche, unsere Beziehungen müssen wie ein Garten gepflegt werden: verwurzelt in guter Erde.

eine Landungsmöglichkeit in allem Leid, die ihre Beziehung auf eine ganz andere Ebene brachte.

Der Samen ist die Wahrheit, das Land ist unser Herz und wir müssen Gott erlauben, dass er in unserem Herzen die „Bauarbeiten" für das richtige Fundament unseres Lebens beginnen darf. Die Frucht von all dem ist eine Neuerschaffung unserer selbst. Wir werden zu einem gut bewässerten, blühenden Garten in Gottes Schöpfung. Und gutes Land trägt Frucht. So sollen auch wir Frucht tragen. Das ist Gottes Plan für uns.

Die Einladung lautet also, sicher zu landen. Das Leben im Reich Gottes anzunehmen, mit Beharrlichkeit und Standhaftigkeit. Lassen Sie sich von Gott zu tiefer gehenden Wahrheiten führen. Schlagen Sie Wurzeln in Gottes wunderbarem, wildem Garten!

Fragen

- Fällt Ihnen das Springen leichter als das Landen? Wen können Sie beim sicheren Landen um Hilfe bitten?

- Mit welchen Worten würden Sie momentan Ihr Leben beschreiben?

- Was war in der vergangenen Woche die Frucht Ihres Lebens?

- Arbeiten Sie zurzeit an der Bildung Ihres Charakters? Was stellen Sie dabei fest?

- Welchem Druck sind Sie ausgesetzt? Ist Ihr Fundament fest genug, um Sie zu tragen?

- Wie viel Zeit investieren Sie in den Aufbau Ihres Lebensfundaments? Müssen Sie mehr Zeit darin investieren?

- Herrscht in Ihrem Leben in irgendeiner Weise Stillstand oder ist es reich an Leben, Bewegung und Wachstum?

- Wo spüren Sie das Bedürfnis nach mehr Tiefe in Ihrem Leben?

- Rennen Sie auf Gott zu oder von ihm weg?

- Ist Ihr Leben so, wie Sie es sich wünschen?

KAPITEL SECHS

JAHRESZEITEN

Im Leben geht es um Bewegung. Nachdem Gott im Schöpfungsbericht das Fundament gelegt hatte (wenn auch ein wachsendes, sich bewegendes, atmendes Fundament), machte er mit der Schöpfung der Jahreszeiten weiter. Dies steht in starkem Kontrast zu unserem Verständnis von erfolgreichem Bauen. Wir sind es gewohnt, dass (Bau-)Projekte irgendwann abgeschlossen sein müssen. Bei Gott ist das anders. Durch den Lauf der Jahreszeiten bleibt sein größtes „Bauprojekt" im ständigen Wandel und Wachstum.

Ist das nicht erstaunlich? In der Ordnung der Schöpfung stellt Gott sicher, dass sich alles immer wieder verändert. Die Menschen mit ihrem starken Hang zur Kontrolle wird das nicht freuen, aber es ist so: In Gottes Schöpfung wird niemals etwas stillstehen. Nichts wird jemals aufhören – alles wird sich verändern und bewegen. Auch in unserem Leben wird es immer um Bewegung gehen. Das ist faszinierend – insbesondere, wenn man unsere Eigenschaft bedenkt, immer nach Kontrolle zu streben. Alles wollen wir geordnet haben wie ein Uhrwerk.

> Die Menschen mit ihrem starken Hang zur Kontrolle wird das nicht freuen, aber es ist so: In Gottes Schöpfung wird niemals etwas stillstehen. Nichts wird jemals aufhören – alles wird sich verändern und bewegen.

Die Schöpfung ist ein Oratorium, das der Komponist Joseph Hayd in den Jahren 1796 bis 1798 schrieb. In dem Oratorium geht es um die Entstehung der Welt, über die wir gesprochen haben. Der beliebteste Chor aus *Die Schöpfung,* ist die Nr. 13, *„Die Himmel erzählen die Ehre Gottes".* Er beschreibt bildhaft die Schöpfung der Jahreszeiten und die Worte sind größtenteils aus Psalm 19,2–4:

Der Himmel verkündet Gottes Hoheit und Macht, das Firmament bezeugt seine großen Schöpfungstaten. Ein Tag erzählt dem nächsten davon, und eine Nacht sagt es der anderen weiter. Dies alles geschieht ohne Worte, ohne einen vernehmlichen Laut.

In Haydns Jahrhundert, nach den Entdeckungen Newtons, aber noch vor der Evolutionstheorie Darwins, war die vorherrschende Meinung, dass ein geordnetes Universum deutliche Beweise für die göttliche Weisheit liefere. Haydn verstand jedoch, dass Gott nicht vollkommen „begriffen" werden kann und versuchte, dies durch seine musikalischen Fähigkeiten auszudrücken. Die reine Schönheit des Himmels sei genug, um von der Andersheit Gottes singen zu können. Die Ehre Gottes sei mit seiner Größe verbunden, die durch die Unermesslichkeit des Himmels bewiesen werde.

Hayd hatte mehr recht, als er wissen konnte.

Heute erzählen uns Wissenschaftler, dass wir nicht fähig seien, das Universum in seiner Gesamtheit zu fassen – in der Tat kennen wir nicht einmal seine Ausmaße. Das hört sich doch nach Gott an, oder? Es hört sich nach einem Gott an, den wir nicht kontrollieren, begrenzen und in irgendeine Kiste stecken können – ganz einfach weil Gott größer als jede Kiste ist. Es ist wie in dem alten Witz über den Wissenschaftler, der Gott zu einem Schöpfungswettbewerb herausforderte. Der Wissenschaftler kommt mit einem Eimer voll Erde, und Gott sagt: „Hey – mach dir deine eigene Erde."

Gott ist so viel größer und weiter als wir jemals begreifen können. Manchmal ist es wichtig, sich das in Erinnerung zu rufen. Der Atheist, der mir neulich erzählte, er glaube nicht an Gott, war überrascht, als ich antwortete: „Ich werde es ihm ausrichten." Gottes Existenz ist nicht zu vergleichen mit der des Osterhasen oder Weihnachtsmanns. Gott *braucht* keine Menschen, die an ihn glauben, damit er existieren kann. Wir existieren, weil er an *uns* glaubt. Er ist größer als wir. Er hat sich den Menschen „ausgedacht" und nicht andersherum. Und dieser große Gott versucht, mit uns zu kommunizieren und eine lebendige Beziehung aufzubauen. Er will mit uns unterwegs sein. Leben ist Bewegung.

Kürzlich unterhielt ich mich mit einer Freundin, die in etwa

> Dieser große Gott versucht, mit uns zu kommunizieren und eine lebendige Beziehung aufzubauen. Er will mit uns unterwegs sein. Leben ist Bewegung.

einem Monat ein Baby bekommen wird. Der letzte Monat ist bei einer Schwangerschaft eine fürchterliche Zeit. Man fühlt sich wie eine wandelnde Tonne und hat kaum noch Energie. Man ist es leid, zu warten, weil man bereits fast ein Jahr lang Teil dieses wunderbaren und doch anstrengenden Schöpfungsprozesses gewesen ist. Es ist ein langer Weg, den man gehen muss – und mit fortschreitender Schwangerschaft kann man ihn immer langsamer gehen. Man ist gezwungen, aus allem das Tempo zu nehmen, bis man zwischenzeitlich das Gefühl hat, die Zeit begänne, rückwärts zu laufen. Je länger man auf die Uhr starrt, desto langsamer vergeht die Zeit. Jeder, mit dem man spricht (insbesondere andere Mütter), versichert einem, dass sich noch schnell genug alles ändern würde und die Zeit dann rast. Aber es fällt schwer, das zu glauben. Und dann passiert es doch: Das Baby kommt endlich und alles ändert sich. Die Zeit schreitet plötzlich sehr schnell voran. Voranschreiten ist eine Untertreibung. Die Geburt des ersten Babys ist wie der Beginn einer neuen Zeitrechnung. Dann würde man die Zeit am liebsten anhalten, doch sie rinnt durch die Finger, während man versucht, sie festzuhalten. Leben ist Bewegung.

Warum also ringen wir so mit Veränderung, wenn am Anfang von allem Wunderbaren die Veränderung steht? Gott hat ständige Veränderungsprozesse in den Kosmos eingeplant. Seine Absicht war es, dass alle Dinge ihre Zeit haben, und dass die Zeit selbst sich verändert. Die Erde dreht sich, Sterne verglühen, die Jahreszeiten kommen und gehen. Alles ist in ständiger Veränderung. Warum haben wir so viel Angst vor ihr?

Ich glaube, wir haben Angst vor Dingen, die wir nicht kontrollieren können. Etwas, das wir nicht kontrollieren können, sind zum Beispiel die Jahreszeiten. Vor ihnen haben wir zwar nicht grundsätzlich Angst, aber sie können dennoch manchmal ganz schön beängstigend ausfallen. Wenn ich die Jahreszeiten kontrollieren könnte, würde ich den Winter verbannen. Ich habe gerade einen sehr kalten Winter in Nordkanada überlebt – gerade so. „Ich will eine andere Jahreszeit, bitte!", sagte ich zu Gott. Aber ich musste warten. Es lag außerhalb meiner Kontrolle.

Alles, was mich an meine Geringfügigkeit – an mein Menschsein – erinnert, kehre ich gerne unter den Teppich. Ich dränge mein eigenes Unvermögen ganz weit weg und versuche, es zu vergessen. Ich kontrolliere lieber alles, was ich kann, und lenke meine Aufmerksamkeit dann auf diese Dinge. Ich rücke sie ins beste Licht und sage anderen damit: „Schaut mal, wie gut ich das und das im Griff habe!" Aber wenn ich ehrlich bin, muss ich zugeben, dass es viele andere Dinge gibt, die ich *nicht* kontrollieren kann – allen voran Gott. Die Jahreszeiten zählen ebenfalls dazu.

> Herausfordernde Wüstenzeiten und eisige Winter. Beide sind Teile von Gottes wunderbarem Plan für mein Leben.

Herausfordernde Wüstenzeiten und eisige Winter. Beide sind Teile von Gottes wunderbarem Plan für mein Leben.

Haben Sie jemals darüber nachgedacht? Die Bibel sagt, dass der Geist Jesus in die Wüste führte, nachdem Jesus sich als Retter der Welt offenbart hatte. Während er in der Wüste war, wurde er versucht, einen schnellen Weg aus ihr hinaus zu finden. Aber er gab der Versuchung nicht nach.

Der Geist.

Führte ihn.

In.

Die Wüste.

Und er blieb dort, bis diese Wüstenzeit ihren Zweck erfüllt hatte.

Warum?

Die verschiedenen Jahreszeiten haben verschiedene Vorteile. Für die Erde hat alles einen Sinn und Zweck. Ja, sogar der Winter hat seinen Sinn – genauso wie drückende Sommerhitze mit wüstenähnlichen Temperaturen. Für Jesus war die Wüste ein Ort, an dem er herausfinden wollte, was für ein Mann er sein würde. Welche Strategie er anwenden würde, um das Werk vollbringen zu können, für das Gott ihn gesandt hatte.

Die Wüstenzeiten in unserem Leben können wir ähnlich nutzen. Die frühen Heiligen der Kirche nannten so eine Dürrezeit der Seele auch die „dunkle Nacht" oder „Winterzeit der Seele". Es meint eine Zeit, in der die Menschen sich schwer tun, Gott zu finden und mit sich selbst ringen müssen. Nachdem ich Mutter Teresas Tagebücher gelesen habe, erscheint es mir, als ob sie sich sehr lange in einer solchen Zeit befand. In der Hitze der Stadt Kalkutta beugte sie sich lächelnd zu den Obdachlosen und Vergessenen herab und half ihnen auf, während in ihr selbst Leere und Winterzeit herrschte. Doch sie sah Jesus in diesen armen Menschen und wollte helfen. Das sagte sie immer wieder: Sie sah Jesus in ihnen.

Sie sah Jesus in ihnen, weil sie ihn nicht mehr in ihren Träumen, Visionen oder ihren Gebeten sehen konnte. Er war verschwunden. In ihrer Seele herrschte dunkle Nacht. Was für eine „Liebende" würde sie in dieser Winterzeit sein? Dies schien die Frage gewesen zu sein, von der sie glaubte, dass Gott sie ihr stellte. *Wie wirst du mir dienen, wenn du mich nicht mehr fühlen kannst?* Als sie durch diesen seelischen Winter ging, begann sie zu verstehen, dass er in Wirklichkeit ein Geschenk an sie war. Ein Geschenk, das ihr helfen sollte, sich mit den Leuten zu identifizieren. Sie waren vergessen, allein und ausgeschlossen und befanden sich permanent in einer seelischen Dunkelheit. Der „Winter" lehrte sie, an den Leiden Christi teilzuhaben. Sie lernte, die eigene Dunkelheit ihrer Seele im Glauben zu durchleben. Sie begann, Gott für die Leere zu danken. Wann haben Sie zum letzten Mal Gott für ein Gefühl der Leere in Ihrem Inneren gedankt?

Die Vorstellung, dass jede Jahreszeit ein Geschenk ist, verträgt sich nur schwer mit den Trends unserer Gesellschaft, die am liebsten das ganze Jahr lang die Jahreszeit „Sommer, Sonne, Sonnenschein" zelebrieren würde. Dunkelheit oder gar Traurigkeit? Das wollen wir nicht! Stattdessen versuchen wir einen ewigen Zustand von „Sommer" zu erzwingen – ob wir uns nun in dieser Jahreszeit befinden oder nicht.

Einmal nahm ich meinen Sohn mit zu einem Eltern-Kind-Singen. Dort wurde der Kinderklassiker „If you're happy and you know it" (*„Wenn du glücklich bist und weißt es"*) gesungen. Als die zweite Strophe gesungen wurde, bei der es ums Wütend-sein ging, war ich irritiert, denn wir hatten den Teil über die Wut bislang noch nie gesungen. Als ich Kind war, sangen wir nur von einem Gefühl – Glück. Und als Erwachsene machten wir dieses Gefühl zu einem Lebensstil und unserem größten Ziel. Glück war – und ist – das Ziel einer ganzen Generation. Dies steht in starkem Kontrast zu Gottes Schöpfungsschema. Nur glücklich sein zu wollen ist, als stecke man ewig in ein und derselben Jahreszeit fest und das entspricht einfach nicht Gottes Realität. Darüber hinaus wäre so ein Leben total begrenzt, oberflächlich und ehrlich gesagt einfach nur stinklangweilig.

Was wir mit dem Glück versuchen, versuchen wir ebenso mit der Jugend: Auch diese soll niemals aufhören. Wir wollen das Altern kontrollieren und beschaffen uns dafür alle notwendigen Mitteln. So viel Geld und Zeit werden in diese Dinge investiert; aber sind wir dadurch auch zufriedener oder gar glücklicher? Warum haben wir die Schönheit und den Wert der Weisheit vergessen, die mit dem Älterwerden kommen?

> Nur glücklich sein zu wollen ist, als stecke man ewig in ein und derselben Jahreszeit fest und das entspricht einfach nicht Gottes Realität.

Henri Nouwen, ein Mann, der Gott liebte und viele Bücher darüber schrieb, wie Gott ist und wirkt, entwickelte eine Theologie, die sich am Beispiel eines Zirkus orientierte. Ein ganzes Jahr lang war er zuvor mit einem Zirkus umhergereist. Besonders fasziniert war er von den fliegenden Trapezkünstlern. Für die Zuschauer ist das spannendste und präsenteste Mitglied der Trapezgruppe derjenige, der springt und durch die Luft fliegt.

Aber für die Gruppe ist das wichtigste Mitglied der Fänger. Dabei ist er der Einzige, den man nicht sehen kann. Der größte Held ist der, der am wenigsten sichtbar ist. So sind die Trapezkünstler nur dann frei, ihre riskanten Showeinlagen zu präsentieren, wenn sie sich darauf verlassen können, dass der Fänger sie auffangen wird. Es ist das Vertrauen in den Fänger, das es ihnen ermöglicht, mutig zu sein und über sich hinauszuwachsen. Darum geht es auch bei den Dingen in unserem Leben, die wir nicht kontrollieren können. Wenn wir bereit sind, es zu riskieren und Gott einfach zu vertrauen, können wir alle Jahreszeiten unseres Lebens getrost auf uns zukommen lassen und annehmen.

Wenn wir Risiken eingehen und frei sein wollen – in der Luft und im Leben –, müssen wir wissen, dass es einen Fänger gibt. Wir müssen wissen, dass wir, wenn wir doch einmal fallen sollten, aufgefangen werden. Dass wir in Sicherheit sein werden. Doch die meisten von uns bleiben wie gelähmt auf dem Sprungbrett stehen, in einer Jahreszeit, in der sie sich nicht wohlfühlen, und versuchen, sich mit allen Mitteln in den Sommer zu befördern, anstatt sich einfach einmal ins volle Leben fallen zu lassen und zu wissen – Gottes Hand fängt sie auf.

Diese Art zu leben bringt uns eine andere Sichtweise. Wir können Ausschau halten nach den Möglichkeiten des Lebens und Luftsprünge wagen, weil wir wissen, dass in dieser Weite des Möglichen ein Fänger im Verborgenen wartet, der uns durch alle Jahreszeiten hindurchträgt und sicher auffängt. Ihm können wir vertrauen, wie keinem anderen.

Gott formt in uns ein Herz, das sich danach sehnt, alle Jahreszeiten unseres Lebens zu durchleben und uns von ihnen tiefer machen zu lassen. Ja, selbst der dunkelste Winter kann zum Lebenslehrer werden. Der Autor des biblischen Buches Prediger verstand, dass es für alles unter dem Himmel eine Zeit gibt. Die Großartigkeit dieses Lebens besteht genau darin, dass es eben nicht vorhersehbar und unveränderlich ist. Es ist ständig im Wandel mit seinen Jahreszeiten und Lebenszeiten. Diese fortwährende Veränderung bringt Sinn und Schönheit in die Welt – und in unser persönliches Leben. Leben ist Bewegung.

> Gott formt in uns ein Herz, das sich danach sehnt, alle Jahreszeiten unseres Lebens zu durchleben und uns von ihnen tiefer machen zu lassen.

Fragen

- Stellen Sie fest, dass Ihr Leben momentan durch Bewegung und Veränderung gekennzeichnet ist? Wie fühlen Sie sich dabei?

- Wen oder was versuchen Sie zu kontrollieren? Gibt es Dinge, die Sie loslassen müssen?

- Wie reagieren Sie, wenn Dinge außer Kontrolle geraten zu sein scheinen?

- Verwenden Sie viel Energie in den Versuch, Ihr Leben in Ordnung zu bringen, und fühlen Sie sich dennoch unzufrieden?

- Was glauben Sie, in welcher „Jahreszeit" Sie sich momentan befinden? Was lernen Sie gerade?

- Lieben Sie Gott und dienen Sie ihm durch alle Jahreszeiten hindurch, oder „erkalten" Sie, wenn das Leben sich weniger gut anfühlt und der „Sommer" vorbei ist?

- Welchen Versuchungen sind Sie ausgesetzt, wenn Sie Zeiten in der „Wüste" erleben?

- Welche Veränderungen könnten Ihnen helfen, in Zeiten, die Ihnen wie der kälteste Winter vorkommen, nicht nur zu überleben, sondern auch zu gedeihen?

- Streben Sie mehr nach Glück als nach Weisheit und Tiefe?

- Was könnten „die tieferen Orte" sein, an die Gott Sie führen will?

- Was können Sie heute tun, um Ihre Sichtweise auf das „große Ganze" wiederherzustellen und die Bewegung und Veränderung in Ihrem Leben anzunehmen?

KAPITEL SIEBEN

DAS LEBEN:
ÜBERWÄLTIGENDE
EINFACHHEIT

Die ersten Tiere, die Gott erschaffen hat, waren die Vögel und die Fische. Fische sind ziemlich primitiv. Ich erinnere mich daran, dass ich einmal einen sezieren musste, als ich zwölf Jahre alt war und wir in der Schule mit dem Biologieunterricht anfingen. Der Grund, warum man dafür Fische nimmt, ist, dass sie so unkomplizierte Organismen sind.

Der Organismus von Vögeln hingegen ist sehr komplex. Ihre Knochen sind hohl und ihre Körper dadurch erstaunlich leicht. Ihre Fähigkeit zu fliegen ist sowohl rätselhaft, als auch beeindruckend. Wissenschaftler brauchten Ewigkeiten, um herauszufinden, wie genau es funktioniert, dass sie fliegen können.

Was Gott am fünften Tag erschaffen hat, war sowohl einfach, als auch komplex. Es war einfach und komplex *zugleich*.

Unser menschlicher Verstand sagt uns, dass Dinge sich auf systematische Art und Weise weiterentwickeln. Wir glauben an den stetigen Fortschritt alles Seienden. Je mehr Wissen wir uns angeeignet haben, desto komplexer können wir Dinge „erschaffen".

Aber Gottes Schöpfung ist sowohl einfach, als auch komplex. *Zugleich.*

Denken Sie darüber nach.

Sogar die einfache Wahrheit, dass Gott Sie liebt, ist gleichzeitig eine hochkomplexe theologische Vorstellung und eine Botschaft, die so einfach ist, dass selbst ein Kind sie verstehen kann. Dr. Karl Barth war ein Theologe im zwanzigsten Jahrhundert. Er schrieb unzählige Wälzer über die Bedeutung von Leben und Glauben. Einmal fragte ein Reporter ihn, ob er zusammenfassen könne, was er in all diesen Büchern gesagt habe. Dr. Barth dachte einen Moment nach und sagte dann: „Jesus liebt mich, ganz gewiss, denn die Bibel sagt mir dies." Einfach und komplex. Zugleich.

Ich habe eine Freundin, die den ruandischen Völkermord überlebt hat. Ich wusste nicht, dass sie eine Überlebende war, bis wir in einer kleinen Gruppe über unsere persönliche Begegnung mit Jesus sprachen.

Jesus zu begegnen ist eines dieser einfachen *und* komplexen Dinge. In der Bibel gibt es eine Geschichte (eine meiner Lieblingsgeschichten), in der Jesus einen blinden Bettler heilt.[10] Die religiösen Leute im Volk versuchten, Jesus eine Falle zu stellen, damit er etwas Ketzerisches sagte oder sich ketzerisch verhielt, sodass sie ihn aufhalten konnten. Als sie von dem Mann hörten, der von seiner Blindheit geheilt worden war, ergriffen die religiösen Führer ihn und vernahmen ihn. Die Fragen über Jesus überschlugen sich: „Wer sagte er, dass er sei?", „Was glaubst du, wer er ist?", „Ist er der Messias?" Es ist fast schon komisch, weil der ehemalige Blinde immer wieder dasselbe sagt: „Ich weiß es nicht. Alles, was ich weiß, ist, dass ich blind war, aber jetzt sehe ich."

Also ließen die Führer die Eltern des Blinden vor sich bringen, damit sie bestätigen konnten, dass ihr Sohn vorher wirklich blind war – und sie sagten exakt dasselbe. Etwas wie: „Wir kennen nicht die komplexen theologischen Antworten auf eure Fragen. Alles, was wir wissen ist, dass er blind war und jetzt kann er sehen." Und das genügt.

Er wurde geheilt. Ganz einfach.

Dennoch ist die Angelegenheit komplex, weil Jesus der Messias ist. Er ist derjenige, der vorhandene religiöse Strukturen und Machtverhältnisse bedrohen wird. Er ist derjenige, der die Elite stürzen und den Weg für die Armen freimachen wird. Er führt das neue Königreich ein, und alles wird sich ändern.

Komplex ist das.

Und einfach.

Zugleich.

Nun zurück zu Ruanda.

Die Frage, die meine kleine Gruppe beantwortete, war: „Wann bist du Jesus begegnet?" Eine gute Frage. Jeder hatte darauf eine schöne Antwort, aber meine Freundin (nennen wir sie Sam) sagte: „Als ich im Wald war." Das war schön, aber ich war mir nicht sicher, was sie damit meinte. Also fragte ich sie, und sie sagte mir, sie begegnete Jesus, als sie und vierzig andere Kinder um ihr Leben gerannt seien, nachdem sie mit ansehen hatten müssen, wie ihre Eltern vor ihren Augen ermordet worden seien. Sie seien in den Wald gerannt und hätten sich dort versteckt. Vierzig Tage lang. Sie sagte, sie hätten jeden Tag Angst gehabt und sich so allein gefühlt. Sie hätten gebetet. Und dann sei Jesus aufgetaucht. Im Wald. Sie sagte, weil Jesus aufgetaucht sei, hätten sie gewusst, dass sie nicht alleine waren. Sie hätten keine Angst mehr gehabt. Sie sagte, viele der Kinder hätten nachts schlafen können, nachdem Jesus da gewesen sei. Ein paar andere Leute hätten Lebensmittel zu ihnen geschmuggelt, die sie am Leben hielten.

Die Gruppe reagierte absolut geschockt, es herrschte Stille. Wir hatten keine Ahnung gehabt, dass unsere Freundin solchen Horror und ein solches Wunder erlebt hatte. *Zugleich.*

Ich hatte hundert Fragen. Ich wollte alles wissen. Am meisten wollte ich wissen, wie sie so ein Ereignis überstanden hatte, und wie es ihr gelungen war, zu überleben, weiterzuleben – zu leben. Sie sagte, es sei einfach gewesen. (Ahnen Sie, worauf ich hinauswill?) Sie sagte, sie habe sich entschieden zu vergeben. Und dann habe sie es hinter sich lassen können. *Was?* Ich dachte darüber nach und fragte sie später noch einmal, was sie damit gemeint habe. Wie habe sie es schaffen können, Menschen zu vergeben, die ihre Familie grausam ermordet hatten? Wie habe sie etwas so unglaublich Schweres schaffen können? Sie sagte, es sei einfach gewesen: „Ich hörte auf Jesus. Er sagte mir, ich solle meinen Feinden vergeben. Also habe ich es getan." Da haben wir es wieder. Diese unglaublich einfache Sache.

Ich weiß, Jesus hat gesagt, wir sollen vergeben, aber Vergebung ist komplex. Es ist eine knifflige Sache, oder nicht? Vielleicht ist es auch einfach und komplex zugleich, Jesus zu begegnen. Vielleicht ist es dasselbe mit dem Hören auf ihn. Wir sagen „hhm" und „ah" und verschwenden viel Zeit damit, über die theologische Bedeutung von Dingen nachzudenken und fragen uns, wie sie in unser momentanes Wertesystem passen. Aber was würde passieren, wenn wir die Wahrheit des Evangeliums als einfach annehmen würden? Und was würde passieren, wenn wir sie einfach *annehmen* würden? Wenn wir die gute Nachricht wirklich ausleben würden? Wie würde unser Leben aussehen, wenn wir freimütig vergäben? Großzügig gäben? Unseren Besitz mit den Hungrigen und Armen teilten? Es sähe einfach aus. Und komplex. Zugleich.

Das ist das, was Gottes schöpferischer Geist tut. Er erschafft die einfachsten und komplexesten Dinge zusammen. Überwältigende Einfachheit.

Ich ließ meine Freundin ihre Geschichte im Rahmen einer Predigtreihe erzählen, die über Vergebung ging. Es war unglaublich kraftvoll. Natürlich war ihre Geschichte an sich schon kraftvoll, aber der Kontext, in dem sie diese Geschichte erzählte, verstärkte ihre Wirkung noch um ein Vielfaches. So bat ich sie, ihre Geschichte einer Gruppe von Menschen zu erzählen, denen großes Unrecht widerfahren war. Es handelt sich um die Ureinwohner Kanadas. Sie haben systematisch geplante Ungerechtigkeiten erdulden müssen, die einen erröten lassen.

> Das ist das, was Gottes schöpferischer Geist tut. Er erschafft die einfachsten und komplexesten Dinge zusammen. Überwältigende Einfachheit.

Die Zuhörer an diesem Tag steckten tief in komplexen Systemen von Gewalt und Missbrauch, bei denen es Ihnen schon beim

Nachdenken darüber schwindlig werden würde. Keiner der Zuhörer hatte jemals jemanden getroffen, der schon mehr gelitten hatte als sie selbst – bis zu diesem Tag. Als meine Freundin begann, ihre Geschichte zu erzählen, konnte man sehen, wie sich alle in der Menge aufsetzten und aufmerksam zuhörten. Als sie sagte: „Ich entschied mich, zu vergeben", wurden alle still. Man konnte die unausgesprochenen Fragen förmlich hören: „Ist das möglich?", „Ist das wirklich wahr?" Und auch einige unausgesprochene Hoffnungen lagen in der Luft: „Ich könnte den Missbrauch und all die Ungerechtigkeit wirklich hinter mir lassen?"

Das ist eine einfache Wahrheit in komplexen Realitäten: Wir können Dinge hinter uns lassen. Vergebung ist eine Entscheidung. Wir müssen nicht durch unsere Vergangenheit definiert werden. Wir können Gott begegnen. Wir können tun, was er sagt und uns zum Vergeben entscheiden. Es ist eine überwältigende Einfachheit. Die Art, wie Gott wirkt, ist unglaublich einfach. So einfach, dass sie schon wieder komplex ist.

> Es ist eine überwältigende Einfachheit. Die Art, wie Gott wirkt, ist unglaublich einfach. So einfach, dass sie schon wieder komplex ist.

In der Bibel gibt es mehrere Wörter für „Leben". Die grundlegendsten griechischen Wörter dafür sind *bios* und *zoe*. *Bios* ist offensichtlich, es bezieht sich auf unseren Körper. Es geht um das „Material", aus dem wir gemacht sind. Von dieser Wortwurzel kommt unsere Bezeichnung „Biologie". *Zoe* ist ein Wort, das auf eine unglaubliche Wahrheit hinweist – es bezieht sich auf das Wesen oder die Essenz des Lebens. Es betrifft unseren Geist, unsere Seele – unser tiefstes Selbst. Es ist das, worüber Jesus sprach, als er sagte, wir seien geschaffen worden, um das Leben zu haben und dies im Überfluss. Wir wurden für *bios* und *zoe* geschaffen. Leben.

Dieses Leben braucht Raum. Sie erinnern sich an die Weite, die alles größer machte. Wofür ist der große Raum gedacht? Für das Leben. Er soll ausgefüllt werden mit dem puren Leben. Das tut Gott an diesem Schöpfungstag heute. Er füllt den Raum aus. Er verwendet *alles*, was er erschafft. Das Leben braucht Raum.

Vor Jahren ging unsere Stadtgemeinde eine Partnerschaft mit einer Kirchengemeinde in den Randbezirken der Stadt ein. Das waren tolle Christen, die ernsthaft herausfinden wollten, wie sie Gott und seinen Geboten gehorchen konnten, und es waren Leute, die leere Räume in ihren Häusern hatten. Wir waren Teil einer Gemeinschaft von Leuten, die versuchten, inmitten einer von (Drogen-)Sucht und Leid gekennzeichneten Stadt ein Gefühl von Heimat zu ermöglichen. Die Leute aus der Gemeinde im Randbezirk fragten sich, ob sie zu uns kommen und uns mit Imbisswägen und Sandwiches helfen sollten. Wir fragten uns, ob es da nicht noch mehr gäbe, etwas Tieferes.

Zu jener Zeit, als wir gemeinsam darüber nachdachten, wie wir eine wirkungsvolle Partnerschaft eingehen könnten, stießen wir auf eine Studie. Die Studie zeigte auf, dass 90 Prozent der erwachsenen Drogenabhängigen aus Kinderheimen stammten. Sie hatten keine Familien. Sie hatten entweder das Höchstalter erreicht oder waren aus dem Heim weggelaufen und sind dann in unserem Stadtviertel gelandet. Uns wurde klar, dass das, was wir wirklich brauchten, tolle Familien waren, die Platz in ihrem Zuhause hatten. Wir mussten den Strom ungewollter Kindern stoppen, die zu Drogenabhängigen heranwuchsen. Wir mussten die fortwährende Ungerechtigkeit stoppen, indem wir gute Pflegefamilien für Kinder finden, die Familien brauchten. Aber welche Familie, die alles im Griff hat und gefestigt ist, will das Risiko eingehen, ein Pflegekind mit besonderen Bedürfnissen aufzunehmen? Holt man sich damit nicht das Chaos in den eigenen geregelten Alltag?

Doch dann sahen wir, wie Gott etwas Neues anbrechen ließ. Wir begannen zu verstehen, dass der ganze leere Raum in den Randbezirken mit freien Schlafzimmern und Kleinbussen mit zusätzlichen Sitzen *für* etwas gedacht war. Vielleicht konnten die Menschen, die ein Herz für soziale Gerechtigkeit und Kinder ohne Familien hatten, eine Partnerschaft mit ihnen eingehen, die nicht distanziert oder reserviert war? Vielleicht hatten sie die Lösung zu einem komplexen sozialen Problem gefunden und vielleicht war diese Lösung eigentlich ganz einfach?

Gott füllt den Raum mit Leben. Den ganzen Raum.

Henri Nouwen erkannte diese Art von Komplexität und Einfachheit in seinem eigenen Leben. Er verließ die Hallen der Wissenschaft, um einer Tätigkeit nachzugehen, die manche als „einfach" bezeichnen würden, doch er folgte seinem Herzen und wurde Mitglied der Gemeinschaft von „L'Arche". Falls Sie es nicht wissen: Henri Nouwen war Professor, hielt Vorlesungen an amerikanischen Eliteuniversitäten, schrieb viele Bücher und hielt Vorträge auf der ganzen Welt. Er stieg die Karriereleiter zu

Ruhm und Ehre empor. Auf seinem Weg traf er Jean Vanier und machte Bekanntschaft mit den L'Arche-Gemeinschaften, die sich um Menschen mit körperlicher und geistiger Behinderung kümmerten. Nouwen schloss sich einer dieser Gemeinschaften an und verzichtete dafür auf seine Karriere. Es war die kraftvolle Demonstration von einem unkonventionellen Lebensstil und einer hingebungsvollen Nächstenliebe. Er beeinflusste mit seiner Geschichte eine ganze Generation. Durch die Beziehung zu beeinträchtigten Menschen begann Nouwen zu verstehen, dass wahres Leben komplex und einfach zugleich ist. Universitäten wie Yale und Harvard lehrten ihn wichtige Dinge, aber erst die Gemeinschaft mit „Außenseitern" erfüllte die tiefen Orte seiner Seele mit der Schönheit der Einfachheit.

> Ihr Leben sollte immer ein großes „Ja" an Gott sein. Ist das nicht einfach? Nun, versuchen Sie, es im Leben umzusetzen. Glauben Sie mir – es wird komplexer.

Henri Nouwen reiste nach Indien, um von Mutter Teresa das Geheimnis eines wahrhaftig frommen und gottgeführten Lebens zu ergründen. Wenn es irgendjemand kennen würde, dann sie. Konfrontiert mit dieser tiefgründigen Frage antwortete sie mit erstaunlicher Einfachheit: „Verbringen Sie jeden Tag eine Stunde mit Gott und tun Sie nichts, von dem Sie wissen, dass es falsch ist."

Mutter Teresas Lebensregel war, Jesus niemals etwas zu verweigern. Ihr Leben sollte immer ein großes „Ja" an Gott sein. Ist das nicht einfach? Nun, versuchen Sie, es im Leben umzusetzen. Glauben Sie mir – es wird komplexer.

Fragen

- Wo erleben und bemerken Sie das Einfache und das Komplexe in Ihrem Leben?

- Finden Sie es schwierig, die Einfachheit der Nachfolge Jesu anzunehmen? Wie würde Ihr Leben aussehen, wenn Sie Jesus einfach beim Wort nehmen würden?

- Wie reagieren Sie auf die Komplexität und Einfachheit der beschriebenen Geschichte von Vergebung? Was brauchen Sie, um zu vergeben?

- Gibt es etwas in Ihrer Vergangenheit, das Ihre Gegenwart definiert?

- Was oder wer hilft Ihnen zu verstehen, dass das tiefe Leben komplex und einfach zugleich ist?

- Leben Sie Ihr Leben momentan als ein großes „Ja" an Gott?

- Mutter Teresa sagte: „Verbringen Sie jeden Tag eine Stunde mit Gott und tun Sie nichts, von dem Sie wissen, dass es falsch ist." Was müssen Sie ändern, damit dies in Ihrem eigenen Leben gelingt?

KAPITEL ACHT

DIE MENSCHHEIT

*Unabhängigkeit? Das ist Mittelklasse-Blasphemie. Wir sind
alle voneinander abhängig, jede Seele von uns auf Erden.*
George Bernard Shaw

D ie Schöpfungsgeschichte im 1. Buch Mose ist eigentlich
als poetischer Text verfasst worden. Seinen Höhepunkt
erreicht er mit der Erschaffung der Menschheit. Die Erschaffung
der Menschheit ist auch der Punkt, in dem dieses „Gedicht" von
dem babylonischen Schöpfungsmythos abweicht. Dieser gab die
vorherrschende kulturelle Sichtweise der damaligen Zeit wieder. Als es geschrieben wurde, waren die Israeliten in Babylon
in Gefangenschaft. Der Höhepunkt des babylonischen Mythos
war die Stelle, als Gott einen König nach seinem eigenen Bild
schuf, der über jede andere Person herrschen sollte. Mit anderen Worten: Der König war ein Abbild Gottes und alle anderen Menschen waren seine Sklaven. Es ist irgendwie einleuch-
tend, dass ein auf Kontrolle und Angst aufgebautes Reich solch
einen Schöpfungsmythos hatte. Auf diese Weise wurde jeder-
manns Gehorsam aus dem Glauben an die gottähnliche Natur
des Königs gespeist. Im Umkehrschluss bedeutete es, dass die

einfachen Leute glaubten, dass sie alles andere als gottähnlich waren.

Die Schöpfungsgeschichte, von der wir im 1. Buch Mose lesen, hört sich scheinbar ähnlich an – sie hat einen ähnlichen Anfang, es gibt sogar einige fast identische Sätze, aber sie hat ein radikal anderes Ende. In dem hebräischen Gedicht gipfelt die geschaffene Ordnung in der Schöpfung des Menschen: „So schuf Gott den Menschen als sein Abbild, ja, als Gottes Ebenbild; und er schuf sie als Mann und Frau – und es war sehr gut."[11] Merken Sie den Unterschied? Wir alle, erschaffen als Gottes Ebenbild. Nicht nur eine Person. Nicht nur der König. Und, um alldem die Krone aufzusetzen, lesen wir noch, dass Gott uns Menschen die Bewertung *sehr gut* gab. Zu diesem Urteil kam er nur, nachdem er den Menschen geschaffen hatte. Alles andere bewertete er lediglich mit gut. Doch bei uns schien Gott sich selbst übertroffen zu haben und freute sich über das Werk seiner Hände. Ja, man kann Gottes Freude und Vergnügen beinahe spüren.

> Doch bei uns schien Gott sich selbst übertroffen zu haben und freute sich über das Werk seiner Hände. Ja, man kann Gottes Freude und Vergnügen beinahe spüren.

Die Konsequenzen dieser Geschichte sind unglaublich. Um ehrlich zu sein, glaube ich, dass wir womöglich nie die komplette Tragweite dieses faszinierenden Anfangs der Menschheitsgeschichte verstehen werden – die tiefe Bedeutung, der Wert dieser Geschichte kann uns sprachlos machen. Denken Sie einmal darüber nach. Dieser Text wurde in einer Lebenswirklichkeit geschrieben, in der noch niemand irgendwelche Rechte besaß. Die Idee einer Menschenrechts-Charta war noch lange nicht geboren. Stattdessen herrschten barbarische Verhältnisse. Immer wieder gab es blutige Stammeskriege und in all diesen zerstörerischen Umständen schrieben Sklaven (!) diesen Text.

Es war ein Gedicht, das geschrieben wurde, als die Menschen in Not in die Tiefe gehen mussten, um Sinn in der Welt zu finden, in der sie lebten. Sie gingen so tief, wie sie konnten. Sie fragten nicht nur danach, wer sie erschaffen hatte, sondern auch danach, wie und warum sie erschaffen wurden.

Diese Geschichte ist wahrhaftig der Beginn jeder anderen Geschichte, die wir mit Gott erleben. Sie dringt bis zum Kern der Sache – unseres Menschseins – vor. Sie beschreibt einen Anfang, bei dem unser Wert nicht darin liegt, was wir tun oder welchen Status uns die Gesellschaft gegeben oder genommen hat – sondern darin, was Gottes ursprüngliches Urteil war, als er uns erschuf. Wir sind in Gottes Augen „sehr gut". Das sagt viel über unseren Wert, aber noch mehr über Gottes liebendes Wesen aus.

Kürzlich las ich die Geschichte von Malala[12]. Malala, ein junges Mädchen, wurde von den Taliban angeschossen, weil sie gefordert hatte, dass Mädchen dasselbe Recht wie Jungen haben sollten, zur Schule zu gehen. Sie wurde in Pakistan geboren, in einer Gesellschaft, in der Jungen als wesentlich wertvoller erachtet werden als Mädchen. In ihrer kulturellen

> Wir sind in Gottes Augen „sehr gut". Das sagt viel über unseren Wert, aber noch mehr über Gottes liebendes Wesen aus.

Tradition findet keine Feier statt, wenn ein Mädchen geboren wird. Es gibt lediglich eine Zusammenkunft. Zwar kommen die Familienmitglieder zusammen und heißen das Neugeborene willkommen, aber es ist nicht vergleichbar mit der Feier, wenn ein Junge geboren wird. Diese Geburt wird wirklich zelebriert. Es gehört zum Beispiel dazu, als Segenszeichen Geld in das Kinderbettchen zu werfen. Als Malala geboren wurde, betrachtete ihr Vater jedoch auch sie als einen Segen und brachte die Familie dazu, Geld in ihr Bettchen zu werfen, obwohl sie kein Junge war. Was für eine bedeutsame Geste! Er widersetzte sich der gesellschaftlichen Norm der geschlechtsspezifischen Diskriminierung und erklärte Malala demonstrativ als schön, gewollt und als Segen für die Familie. Er hielt sie für etwas ganz Besonderes. Und das war – und ist – sie auch.

Als erwachsene Frau schrieb Malala ihre Biografie. Darin erklärt sie, dass das Verhalten ihres Vaters der ausschlaggebende Grund war, warum sie heute den Mut und die Stärke hat, sich für Gerechtigkeit einzusetzen. Ungeachtet dessen, was die Gesellschaft Malala erzählte, sie wusste etwas, das ihr niemand nehmen konnte, nämlich dass sie wertvoll und geliebt ist. Deshalb konnten selbst die Taliban sie nicht zum Schweigen bringen. Malala wusste um ihren Wert. Sie war schön, von innen heraus. Sie wurde geliebt. Sie wurde geboren, und es war „sehr gut".

Diesen Wert, der ihr von Anfang an mitgegeben wurde, war von riesiger Bedeutung für ihr ganzes Leben.

Genau das wollten auch die hebräischen Sklaven ausdrücken. Es ist egal, was die Babylonier sagen. Es ist egal, dass sie euch wie Sklaven behandeln. Ihr wurdet nach dem Ebenbild Gottes geschaffen. Ihr wurdet geboren, um frei zu sein. Ihr wurdet geboren und als „sehr gut" befunden.

Einmal besuchte ich Jackie Pullinger, eine wunderbare Frau, die vor über vierzig Jahren nach Hongkong gezogen war, um Drogenabhängige zu begleiten, die als „unheilbar" galten und in einer von der Polizei unkontrollierten Gegend namens „Walled City" (*Ummauerte Stadt*) dem Müll überlassen wurden. Durch die Mischung aus ihrem Gehorsam Gott gegenüber und seiner großen Gnade wurden Drogenabhängige auf wundersame Art von ihrer Sucht befreit, als Jackie für sie betete. Es folgten viele Jahre, in denen Gott immer wieder kleine und große Wunder tat und den von allen aufgegebenen Menschen einen Neuanfang schenkte. Heute gibt es „Walled City" nicht mehr. Die Regierung riss den Stadtteil ab und stellte Jackie Pullinger und ihrer Gemeinde ein 4000 m² großes Grundstück zur Verfügung, um dort ihre Arbeit fortzusetzen.

Ich besuchte sie, um von ihr zu lernen, weil ich bei meiner Arbeit mit Drogenabhängigen wesentlich weniger Erfolg hatte. Ich fragte mich, was ihr Geheimnis war. Später fand ich es heraus: Sie sagte mir etwas, das meine Sichtweise auf meinen eigenen Dienst komplett veränderte. So erklärte sie mir, dass sie in Wirklichkeit Menschen „neu-beelterte". Sie erzählte, dass alle Suchtabhängigen, die sie getroffen habe, als Kind ungewollt gewesen seien. Sie wurden abgelehnt, oft sogar schon als Babys. Jetzt hieß Jackie sie willkommen – so, wie sie waren. Sie erklärte sie zu schönen und wertvollen Menschen. Sie erklärte sie als „sehr gut" und hieß sie in ihrer Gemeinschaft willkommen. Und diese Haltung, diese Wahrheit, änderte *alles*. Es veränderte etwas im tiefsten Inneren dieser Menschen – es veränderte *sie*.

Es ist die gleiche wertvolle Erfahrung wie die, die Malala zu der couragierten jungen Frau machte, die sie heute ist. Diese tief gehende Wertschätzung brauchten auch die Hebräer, um trotz ihrer Versklavung den Blick in die potenzielle Freiheit zu wagen. Die gleiche Wahrnehmung brauchen Sie und ich, um so zu werden, wie Gott uns gedacht hat, als er uns schuf – als würdige, zutiefst gewollte Menschen. Das Wissen, wer wir wirklich sind, führt uns zu den Grundlagen unseres Menschseins.

> Die gleiche Wahrnehmung brauchen Sie und ich, um so zu werden, wie Gott uns gedacht hat, als er uns schuf – als würdige, zutiefst gewollte Menschen. Das Wissen, wer wir wirklich sind, führt uns zu den Grundlagen unseres Menschseins.

Wir wurden nicht erschaffen, weil da irgendein narzisstischer Gott war, der Sklaven wollte oder Gesellschaft brauchte. Wir wurden von einem Leben-schenkenden Gott erschaffen, der uns schon liebte, bevor wir überhaupt geboren wurden. Und als wir geboren wurden, waren wir der Höhepunkt seiner Schöpfung. Wir waren sein fleischgewordenes Liebeslied. Sein Triumph. Sein Meisterwerk. Wir waren diejenigen, die ihn vor der ganzen Welt widerspiegeln sollten. Wir wissen das, weil er etwas in uns hineingelegt hat, das unverwechselbar von unserer Ebenbildlichkeit zeugt: die Fähigkeit, etwas zu erschaffen – in Liebe und Schönheit. All die schönen

Künste und sogar neues Leben. Er gab uns Schöpfungsmöglichkeiten.

Gott erschuf uns, die Menschheit, als eine Gemeinschaft. Aber nicht als irgendeine Gemeinschaft, sondern als eine Gemeinschaft, die nach seinem Ebenbild gemacht ist. Wir sind dafür gemacht, seine Göttlichkeit in der Welt widerzuspiegeln. Was für ein Privileg! Nicht nur das, Gott beauftragte uns auch als Verwalter der Erde. Das heißt, dass es an uns liegt, sein schönes, schöpferisches Durcheinander zu erhalten. Wir sollen die Welt verwalten und uns um sie kümmern, in all ihrem Chaos und ihrer Schönheit und dieser große und bunte Schöpfungsraum sollte mit Leben gefüllt werden – unserem Leben.

Doch etwas lief gewaltig schief. Wir wissen das, weil die ganze Welt an den Folgen einer tiefen Zerrissenheit leidet, die schwer zu erklären ist.

Adams und Evas Entscheidung, Gottes bis dato einziges Gebot zu brechen und vom Baum der Erkenntnis zu essen, hatte tragische Auswirkungen auf die gesamte Menschheit. In 1. Mose 2,15 können wir lesen, was Gott sich darunter vorstellte, als er den Menschen die Verwaltung seiner Schöpfung übertrug. Sie sollten „den Garten bearbeiten und ihn bewahren". Das hebräische Wort *samar* bedeutet bewahren, bewachen, erhalten, schützen, beobachten. Durch die Rebellion gegen Gott von Adam und Eva kam es jedoch anders. Statt den paradiesischen Garten gemeinsam liebevoll zu bewahren, wollten sie sich nun in ihm vor Gott verstecken. Außerdem nahm die Beziehung zwischen Adam und Eva eine neue Form an. In 1. Mose 3,16 steht, wie Gott zu Eva sagt: „Du wirst dich nach deinem Mann sehnen, aber er wird *dein Herr sein*!" (Kursivsetzung durch Autorin). Das hebräische Wort für „dein Herr sein" ist *masal*, was so viel bedeutet wie: regieren, leiten, lenken; Herrschaft, nicht Beherrschung. Es scheint, als ob wir ursprünglich dazu geschaffen wurden, uns gemeinsam und auf Augenhöhe um die Schöpfung zu *kümmern*. Doch seit dem Sündenfall wollen wir alles beherrschen und kontrollieren – sogar uns gegenseitig. Was für ein gegensätzliches Bild!

Unsere Berufung ist ein gemeinsames Bewahren, die liebevolle Herstellung einer Ordnung aus der Gemeinschaft heraus. Die Folgen des menschlichen Ungehorsams gegenüber Gott sind unsere Machtbesessenheit und etwas, das es in der ursprünglichen Schöpfung in dieser Form noch nicht gab: ein Hierarchie-Gefälle zwischen eigentlich gleichwertigen Menschen. Das erste menschliche Streben nach einer Unabhängigkeit von Gott hat die ursprünglich gute Gemeinschaft zwischen Mensch, Gott und seiner Schöpfung zerstört. Heute leben wir in einem Zustand der Trennung und der inneren Einsamkeit. Das ist, was „Sünde" meint.

Die Sünde hatte nicht nur Auswirkungen auf die ursprüngliche Schöpfungsordnung – sie verunreinigte auch die Quelle von guter zwischenmenschlicher Gemeinschaft.

Diese Nachwirkungen erkennen wir nur eine Generation später bei der Geschichte von Kain und Abel. Nachdem Kain seinen eigenen Bruder in einem Anfall von Eifersucht getötet hatte und Gott ihn zur Rede stellte, versuchte er, sich zu rechtfertigen, indem er trotzig fragt: „Ist es etwa meine Aufgabe, ständig auf ihn aufzupassen?"[13] Wir kennen Gottes Antwort. Natürlich wäre es seine Aufgabe gewesen, vor allem wäre es NICHT seine Aufgabe gewesen, den eigenen Bruder grausam zu ermorden. Gott hat uns erschaffen, damit wir in einer guten Gemeinschaft miteinander leben und füreinander Verantwortung übernehmen. So wurden wir erschaffen – als Gemeinschaft, in der sich um den anderen liebevoll gekümmert wird. Wie würde das Leben auf diesem Planeten aussehen, wenn wir wirklich nach dieser göttlichen Realität leben würden? Wenn wir alle erkennen würden, dass jeder von uns unglaublich wertvoll ist und den anderen genauso behandeln und auf ihn achtgeben würden – einfach, weil er so kostbar ist?

Dass ein neuer Anfang mit Gott möglich ist, das hat er uns vor über 2000 Jahren eindrucksvoll bewiesen.

Nun, Gott scheint uns durch die ganze Geschichte hindurch immer wieder dieselbe Frage zu stellen und wird nicht müde, es auch weiterhin zu tun. Wenn wir uns darauf einlassen und versuchen, die Antwort zu *leben* statt nur zu geben, schenkte er uns den Durchbruch: einen göttlichen Neuanfang. Dass ein neuer Anfang mit Gott möglich ist, das hat er uns vor über 2000 Jahren eindrucksvoll bewiesen.

Es begann mit der Ankündigung eines Kindes. Vielleicht begann Gott am unteren Ende aller hierarchischen Systeme, um uns an genau den Wert zu erinnern, der schon bei unserer Geburt in uns liegt? Jesus Christus, der Sohn Gottes, kam in diese Welt und wurde in einem Stall geboren. Mit seiner Art zu leben und zu lieben erinnerte er die Menschen daran, was es bedeutet, wahrhaft Mensch zu sein. Das hat er vorgelebt wie kein anderer nach oder vor ihm. Später betete Jesus für seine Jünger und sandte sie aus, um die gute Nachricht der Neuerschaffung der ganzen Welt zu den Menschen zu tragen. In diesem Augenblick wurde eine neue Gemeinschaft geboren: die Gemeinde. Die Nachfolger Jesu. Es sind diejenigen, die die tiefe Wahrheit über unser Menschsein erkannt haben und Jesu Geschichte des Neuanfangs verstanden und für sich ganz persönlich angenommen haben.

Unser Leben war Chaos, doch wir sahen das Licht, das uns die Fähigkeit verlieh, unseren Weg zu erahnen, auch wenn er durch dunkle Orte führte. Wir krochen auf das Licht zu. Langsam wurde unser Leben größer. Wir erschlossen mehr Raum. Raum zum Wachsen und Raum zum Atmen. Wir fanden einen Platz zum Stehen. Wir schlugen Wurzeln und haben unserem Leben Tiefe gegeben. Wir bekamen einen sicheren Stand. Wir entwickelten uns weiter und wuchsen an den unterschiedlichen Jahreszeiten unserer Seele. Jede neue Wendung brachte uns tiefere Wahrheiten und größere Frucht. Das Leben wurde einfach und komplex zugleich. Dann wurden wir in die Fülle dieses schönen Durcheinanders eingeladen – damit wieder eine Neuerschaffung beginnen konnte: ein neues Leben, um den Raum unserer großen Schöpfungsmöglichkeiten auszufüllen. Leben, um schöne Dinge, Momente und Begegnungen entstehen zu lassen. Das ist ein Leben mit Wert. Ein Leben, das eine neue Schöpfung einleitet.

Fragen

- Welchen gesellschaftlich geprägten Botschaften über Ihre Identität schenken Sie Glauben?

- Glauben Sie, dass Sie nach dem Ebenbild Gottes gemacht wurden und dass Sie „sehr gut" sind? Welchen Einfluss hat dies auf Ihr Selbstwertgefühl? Können Sie annehmen, dass Gott eine Bestimmung für Sie hat?

- Wie kann das Wissen um die Wahrheit, dass wir Menschen mit Wert und einer göttlichen Bestimmung sind, Ihre Gemeinschaft mit anderen beeinflussen?

- Leben Sie wirklich so, als seien Sie „geboren, um frei zu sein"? Was wäre anders, wenn Sie so leben würden?

- Haben *alle* Menschen für Sie den gleichen Wert? Gibt es jemanden oder eine Gruppe von Menschen, bei dem oder denen es Ihnen schwerfällt, das so zu sehen? Warum?

- Für welche Ressourcen und Menschen sind Sie verantwortlich? Verwalten Sie sie gut? Kümmern Sie sich gut? Fördern Sie gutes und wertvolles Leben?

- Auf welche Art und Weise ist Ihr Leben von einer schöpferischen Bestimmung gekennzeichnet?

KAPITEL NEUN

RUHE: DER SKLAVEREI ZUM TROTZ

In der Bibel steht, dass die ganze Schöpfung nach Wiederherstellung seufzt.[14] Ich seufze mit ihr und ich bin nicht allein. Wir sind zu einer Arbeitskultur geworden. Unser Wahn, immer härter zu arbeiten, hängt höchstwahrscheinlich mit der Vorstellung zusammen, dass wir durch unsere Arbeit definiert werden, dass sie uns unseren Wert verleiht. Wir oft haben Sie schon jemanden zum ersten Mal getroffen und ihm die Frage gestellt: „Was machen Sie so?" Zu 99,9 Prozent wird die Person mit ihrer beruflichen Tätigkeit geantwortet haben, oder? Man nennt zuerst das, wofür man Geld bekommt. Faszinierend. Wir zählen nie die Dinge auf, die wir tun, weil wir sie lieben, oder reden über die Beziehungen, die wir pflegen. Die Dinge, die uns Freude, Erfüllung und Sinn schenken – warum erwähnen wir sie nicht zuerst? Manche von uns, die sehr gesegnet sind, können beruflich das tun, was sie lieben – aber auch sie sollten sich nicht ausschließlich über ihren Beruf definieren.

In seinem Ratgeber für die Jüngerschaft von Menschen, die Jesus gerade erst kennengelernt haben (*The Arrival Kit*[15], dt.: *Ausrüstung für die Anreise*) sagt Ralph Neighbour, die Welt habe uns für unser ganzes Leben lang falsch „verkabelt". Wir haben gelernt, dass unser Glück und unser Wert von außen kämen. Man muss nicht lange suchen, um eine Bestätigung für seine These zu finden. Schließlich suggeriert jede Werbeanzeige unverhohlen, dass Glück käuflich sei – und dass es von äußeren Faktoren abhänge, die wir selbst beeinflussen können. Zum Beispiel durch die Wahl eines wohlhabenden Partners, der uns einen guten Status verleiht, durch perfektes Aussehen, das wir angeblich mit den entsprechenden Mittelchen bekommen können oder eben durch einen tollen Beruf, der uns überall Ansehen und Wertschätzung bringt. Alle diese Dinge, so wird uns vorgegaukelt, machen uns bedeutend.

In Gottes Reich herrschen andere Maßstäbe. Bei Gott liegt unser Wert in uns selbst begründet. Er kommt von innen heraus, weil Gott selbst uns diesen Wert verliehen hat. Gott liebte uns, bevor wir jemals etwas „tun" konnten, um ihm zu gefallen.

Wir können Gottes Gunst und Wertschätzung deshalb niemals verlieren – wir können sie nur zurückweisen.

Diese Realität verändert alles. Durch das, was wir tun, können wir nicht definiert werden. Wir sind mehr als das. Wir wurden nicht erschaffen, um zu arbeiten; wir wurden erschaffen, um Frucht zu bringen, um kreativ und mit Leben erfüllt zu sein. Und zu all dem gehört die Ruhe als „Landungsmöglichkeit" von allen schöpferischen Höhenflügen.

> Wir wurden nicht erschaffen, um zu arbeiten; wir wurden erschaffen, um Frucht zu bringen, um kreativ und mit Leben erfüllt zu sein.

Wissen Sie, wer niemals zur Ruhe kommt? Sklaven. Sklaven können niemals ausruhen, denn sie haben Sklaventreiber, von deren Gnade ihr Leben abhängig ist. Und erinnern Sie sich, wer als Sklaven lebte? Das Volk Gottes. Die Frauen und Männer, die sich zu Gott bekannten, waren versklavt, als sie die Schöpfungsgeschichte schrieben, über die wir zuvor gesprochen haben. Sie verstanden, was Ruhe für ein großes Geschenk ist. Sie wussten darum, weil sie sich so nach ihr gesehnt hatten. Sie spürten die Freiheit, die in der Ruhe liegt. Nur ein freier Mann kann entscheiden, ob und wann er ausruht. Menschen, die ums Überleben kämpfen, können sich keine Pause erlauben. Sie sind versklavt.

> Sie verstanden, was Ruhe für ein großes Geschenk ist. Sie wussten darum, weil sie sich so nach ihr gesehnt hatten. Sie spürten die Freiheit, die in der Ruhe liegt.

Wir haben in meiner Heimat einen Zufluchtsort für Frauen geschaffen, die auf der Straße sexuell ausgebeutet werden. Viele von ihnen finden dort zum ersten Mal wirklich Ruhe. Ich meine damit die Art von Ruhe, bei der man sich keine Sorgen machen muss, von irgendjemandem während des Schlafens angegriffen zu werden. Die Art von Ruhe, für die man später nicht bezahlen muss. Die Art von Ruhe, bei der der ganze Körper, die ganze Seele und der ganze Geist einfach *sein* dürfen. Jesus sprach über diese Ruhe und ich denke jedes Mal darüber nach, was er verheißen hat, wenn ich eine Frau zu uns einlade: „Kommt alle her zu mir, die ihr euch abmüht und unter eurer Last leidet! Ich werde euch Ruhe geben."[16] Das ist eine so schöne Einladung!

147

Besonders, wenn man weiß, wie ruhelos diese Frauen leben. So viele Menschen, vielleicht auch Sie, leben ohne echte Ruhe in ihrem Lebensrhythmus.

Vor einigen Jahren nahm ich an einem Obdachlosenprojekt teil und lebte für ein paar Tage mit einigen Freunden als Obdachlose auf der Straße. Eines der Dinge, die uns mehr als alles andere auffiel, war der Mangel an Ruhe. Wir wurden von der Polizei vertrieben. Wir wurden mitten in der Nacht von feiernden Jugendlichen aufgeweckt, die sich über uns lustig machten. Keine Ruhe.

Wir hatten keinen warmen und sicheren Ort, an dem wir schlafen konnten, daher war es schwer, überhaupt einzuschlafen. Selbst abends also immer noch keine Ruhe.

Nach zwei Tagen hatten wir fast den Verstand verloren. Wir fühlten uns wie im Delirium und waren nicht mehr in der Lage, richtig zu funktionieren. Das Problem war nicht unsere Armut – sondern dass wir nicht ausruhen konnten.

Das war für mich ein Sinnbild für den Zustand der Menschen, die Gottes Angebot ablehnen, bei ihm zu wahrer Ruhe zu kommen. So fühlt es sich an, wenn wir unserem Körper, unserer Seele und unserem Geist den wichtigen schöpferischen Prozess des Ausruhens verweigern.

Es ist kein Zufall, dass ich diesen Abschnitt jetzt schreibe. Meine Energie und meine Schreibfähigkeit waren dank eines wahnsinnig vollen Terminplans die letzten Wochen sehr in Mitleidenschaft gezogen worden. Irgendwann hatte ich das Gefühl, in meinem Kopf sei nur noch Brei. Eine gute Freundin bot mit an, eine Woche mit ihr zu verreisen – einfach nur zum Ausruhen. Ich ließ mich darauf ein.

Ich schlief aus, sonnte mich, war ausgelassen und verschwendete einfach einmal meine Zeit. Ich checkte nicht einmal meine E-Mails und rief auch niemanden zurück. Ich gönnte es mir, einfach einmal nichts zu tun. Es war die erholsamste Zeit, die ich seit Langem gehabt hatte. Normalerweise schaffe ich es, aus einem Urlaub eine „Arbeitsgelegenheit" zu machen, aber dieses Mal nicht. Jetzt sitze ich im Flieger, sehe meine Notizen durch und stelle fest, dass Ruhe tatsächlich die fehlende Zutat im Leben der meisten Menschen ist.

Ich persönlich habe oft Schuldgefühle, wenn ich mich ausruhe. Vielleicht liegt es an meiner Erziehung, die von einer protestantischen Arbeitsmoral geprägt war. Vielleicht steckt auch irgendwo in mir die heimliche Überzeugung, dass mein Wert durch meinen Erfolg bestimmt wird. Ich bin mir nicht sicher, was der genaue Grund für meine Probleme mit dem Ausruhen ist. Aber ich glaube, nicht nur für mich ist die Entscheidung, auszuruhen, eine schwierige. Wenn man einige Geschichten in der Bibel gelesen hat, erkennt man, dass es auch damals schon Leute gab, die nicht so gut ausruhen konnten. Ich weiß zumindest, dass in der Bibel die Ruhe nicht „auf jeden kam".

Stattdessen *traten* die Menschen in die Ruhe *ein*. Mir gefällt diese Formulierung, weil sie verdeutlicht, dass Ruhe etwas ist, wofür wir uns bewusst entscheiden können – und auch sollten.

Die Menschen aus der Bibel ruhten aus, weil sie Gott gehorsam sein und seiner schöpferischen Ordnung folgen wollten.

Sie entschieden sich, auszuruhen, als sie frei waren – als Zeichen ihrer Freiheit, der Sklaverei zum Trotz. Sie waren nicht länger äußerlich versklavt, durch Peitschenhiebe und die Zeitpläne ihrer Unterdrücker. Und sie waren nicht länger innerlich versklavt, weil sie sich durch die Erkenntnis ihres wahren Werts von dem Druck befreit hatten, sich den eigenen Wert erst erarbeiten zu müssen. Sie waren nach dem Ebenbild Gottes gemacht und Gott ruhte aus, also taten sie es ihm gleich. Sie traten in die Ruhe ein, indem sie Gott *glaubten*.

Sich Zeit nehmen zum Ausruhen kann mehr eine Glaubensangelegenheit sein als das Freischaufeln eines bestimmten Zeitfensters in unserem Terminplan. Um wirklich auszuruhen, muss man darauf vertrauen können, dass Gott sich währenddessen um die Welt kümmern kann – auch um die eigene. Manche Dinge können auf Gottes Zeit warten. Man muss ganz einfach glauben, dass Gott Gott ist und er die richtige Zeit für alles weiß und bestimmt und nicht wir selbst. Ausruhen war Teil der göttlichen Schöpfungsordnung, weil alles Ruhe braucht. Warum tun wir Menschen uns dann so schwer damit?

Auf Gottes Fürsorge zu vertrauen ist die große Herausforderung beim Ausruhen. Von der Arbeit auszuruhen kann unter Umständen weniger Erfolg und weniger Geld bedeuten. Doch wenn Geld unser Gott ist, sind wir Sklaven der Arbeit. So einfach ist das. Wir müssen uns immer mal wieder fragen: Wer

> Um wirklich auszuruhen, muss man darauf vertrauen können, dass Gott sich währenddessen um die Welt kümmern kann – auch um die eigene.

hat eigentlich das Sagen in meinem Leben? Wem gehört meine Zeit? Wem schenke ich sie, von wem lasse ich sie mir nehmen? Wenn sie der Einladung folgen, immer vertrauensvoll in Gottes Gegenwart auszuruhen, finden Sie vielleicht eine Antwort auf diese Frage. Wenn Gott unser „Chef" ist und wir uns seiner Führung anvertrauen, dann wird Ausruhen ein Teil unseres gesunden Lebensrhythmus sein. Aber wenn er es nicht ist, lassen wir uns von anderen Dingen versklaven. Wir werden Sklaven von dem, was wir anbeten. Auszuruhen ist ein Teil von Gottes schöpferischer Ordnung. Vielleicht ist das so, weil Ruhe etwas ist, das wir nicht wirklich kontrollieren können. Gott lädt uns deshalb ganz bewusst dazu ein, sie immer wieder zu suchen.

Im Alten Testament gab es die Idee eines Jubeljahrs. Alle fünfzig Jahre sollten alle erworbenen Dinge an die ursprünglichen Besitzer zurückgegeben und das Land nicht bearbeitet werden. Stattdessen sollten die Menschen ein ganzes Jahr lang feiern! Wow! Ein Jahr ohne Arbeit, ohne Versklavung und ohne Schulden. Nur Jubel.

Aber diese Vorstellung kam den Menschen damals schon so fremd vor, dass sie das Jubeljahr niemals umsetzten. Nicht ein einziges Mal gelang es ihnen, obwohl es von Gott so geboten worden war! Sogar, als das Land die frömmsten Führer hatte, gab es kein Jubeljahr. Keine vollkommene Ruhe.

Kommt Ihnen das bekannt vor?

Die Ruhe mag der letzte Akt in Gottes Schöpfungsprozess sein, aber er ist sicher einer der wichtigsten – und gleichzeitig herausforderndsten. Einem Licht können wir folgen, uns vorsichtig in die Weite wagen und an ein gutes Fundament für unser Leben glauben. Mit dem Widerspruch von gleichzeitiger Einfachheit und Komplexität der Dinge haben wir schon mehr zu kämpfen, aber wir arbeiten daran. Wir wollen das Leben angehen und all das erfahren, was wir erkannt haben. Aber Ruhe gönnen? Wirklich? Man kann fast schon den Aufschrei in unseren Köpfen hören: „Es gibt doch so viel zu tun!"

Wenn wir eine Weile über das Konzept der Ruhe nachdenken, verstehen wir, dass wir mehr und bessere Frucht bringen, wenn wir erholt sind. Sie und ich eingeschlossen.

Die Herausforderung bleibt, Gott auch in unserem Nichtstun zu vertrauen, ihm zu glauben und dann gelassen in die Ruhe einzutreten. Mit Absicht und mit Gottes Hilfe als Meisterschöpfer, der auch die Ruhe erschaffen hat. Glauben Sie mir, er wird uns liebend gerne helfen, zur Ruhe zu kommen und eine Pause einzulegen, wenn wir ihn darum bitten. Warum sollten wir uns nicht auch für diesen wertvollen Teil von Gottes wunderschönem, schöpferischem Durcheinander öffnen und uns entscheiden, der Sklaverei zu trotzen und Gott zu glauben? Legen Sie nun eine Ruhepause ein.

Fragen

- Woher beziehen Sie Ihren Wert?

- Stellen Sie manchmal fest, dass Sie sich durch das definieren, was Sie tun? Welchen Effekt hat dies auf Ihr Verständnis von Identität und göttlicher Bestimmung?

- Würden die Menschen, die Ihnen am Nächsten stehen, sagen, dass Sie Sklave Ihrer Arbeit sind? Wie fühlen Sie sich bei ihrer Antwort?

- Welche Dinge machen es Ihnen schwer, Ruhe wertzuschätzen und sie für sich in Anspruch zu nehmen?

- Wird Ihr Lebensrhythmus allein durch Ihre Arbeit bestimmt?

- Haben Sie Schwierigkeiten, Ruhe zu finden?

- Haben Sie manchmal das Gefühl, dass es Ihnen beim Ausruhen nur darum geht, sich von Ihrer Arbeit zu erholen?

- Was müssten Sie beiseite legen, damit Ausruhen zu einer regelmäßigen Übung in Ihrem Alltag wird?

- Wie können Sie anderen helfen, ihr Recht auf Ruhe anzunehmen? Führt Ihr eigenes Verhalten andere zu der Annahme, Ruhe sei nicht wichtig oder gar ein „Zeichen von Schwäche"?

- Wer oder was bestimmt Ihr Leben? Wer bestimmt über Ihre Ruhephasen und Ihre Einstellung dazu?

- Jesus lädt die Menschen, die abgemüht sind und unter einer Last leiden, ein, zu ihm zu kommen und bietet ihnen seine Ruhe an. Denken Sie einen Moment gezielt darüber nach und nehmen Sie Jesus dann beim Wort.

SCHLUSSWORT

Die Art und Weise, wie Gott Dinge erschafft, ist atemberaubend. Gerade jetzt wird mir das wieder bewusst, weil ich erlebe, wie Gott im Leben von Menschen in meinem Umfeld wunderbares Neues schafft. In das Chaos ihres Schmerzes, ihrer Sünden, ihrer Ängste und ihrer inneren Dunkelheit spricht Gott hinein und plötzlich ordnen sich die Dinge neu und diese Menschen bekommen eine neue Perspektive und eine neue Hoffnung. Das erinnert mich sehr an meine eigene Reise mit Gott. Niemals hätte ich früher geahnt, dass Gottes Neuschöpfungen aus meinem Chaos so schön sein könnten. Und dieses göttliche Wirken in meinem Leben dauert an. Leben ist Bewegung, erinnern Sie sich?

Gott handelt und erschafft heute noch genauso wie bei der Entstehung der Welt. Es ist deshalb wichtig, seine damalige Vorgehensweise beim Erschaffen von Dingen gut zu kennen, denn heute „arbeitet" er nach demselben Muster – in meinem kleinen Leben genauso wie in der großen weiten Welt.

Es ist außerdem wichtig, weil Gott dabei ist, die Welt zu erlösen und neu zu erschaffen. Sein Plan war und ist es, sein Reich und seine göttliche Ordnung kommen zu sehen – im Himmel wie auf Erden. Jesus hat uns gelehrt, dafür zu beten und uns vor allem anderen dafür einzusetzen, wie es in Matthäus 6,33 steht: „Setzt euch zuerst für Gottes Reich ein und dafür, dass sein Wille geschieht. Dann wird er euch mit allem anderen versorgen." Jeder dunkle Ort auf dieser Welt muss von Licht durchflutet werden. Jedes Leben, das im Chaos versunken ist, muss die unglaubliche Wahrheit hören, dass Gott nahe ist – und dass er nur darauf wartet, seine göttliche Ordnung in unser Chaos zu bringen und neues Leben in uns zu erschaffen.

Jedes Mal, wenn ich mich verloren, verwirrt oder von allem überfordert fühle, muss mir das keine Angst machen. Ich kann mich sogar darüber freuen, denn es ist eine Gelegenheit zu beobachten, was Gott aus meinem Chaos Schönes machen wird, wenn ich ihm vertraue. Etwas Neues und Schöpferisches ist überall um uns herum im Werden – die ganze Zeit. Hätten wir Augen, um zu sehen, und Ohren, um zu hören, bekämen wir eine Ahnung davon, was Gott für all diejenigen bereithält, die ihm ihr Leben vertrauensvoll hinhalten und sich unter seine liebevolle Führung stellen.

Ich bin mir nicht sicher, in welcher Phase Sie sich gerade befinden oder welches „Schöpfungsmuster Gottes", das ich in diesem Buch beschrieben habe, bei Ihnen besonders hängen geblieben ist. Ich habe jedenfalls für mich erkannt, dass ich mich in einem andauernden Prozess der Neuerschaffung bewege – mit allen Aspekten, die dazugehören: Ich brauche Licht, um meinen Weg zu sehen – zumindest den Abschnitt direkt vor mir. (Wir erinnern uns: Die ganze Wegstrecke zu sehen, könnte so beängstigend sein, dass wir aus Furcht nicht weitergehen.) Ich muss daran erinnert werden, dass ich meine Welt nicht zu kleinen, überschaubaren Teilen zusammenschrumpfen lassen darf, nur damit ich sie vermeintlich kontrollieren kann. Ich möchte mir von Gott stattdessen liebevoll die Hände öffnen lassen, damit sie sich nicht mehr an Dingen festkrallen, die ich kontrollieren will, sondern bereit sind, um Gottes Wunder zu empfangen. Ich will mit offenen Händen leben, in einer Haltung tiefen Vertrauens. Es ist ein Lebensstil, der mit einer täglichen Neuschöpfung rechnet. Wenn wir so durchs Leben gehen, dann erfahren wir auch, wie Gott Neues schafft, immer wieder. Gott hört nicht auf, mich durch seine Gnade zu lehren, dass ich sowohl einfach als auch komplex bin, wenn ich seine Wahrheit annehme.

> Ich will mit offenen Händen leben, in einer Haltung tiefen Vertrauens. Es ist ein Lebensstil, der mit einer täglichen Neuschöpfung rechnet.

Nicht nur das, Gott lädt mich in eine enge Partnerschaft mit ihm ein. Er will mit mir zusammen Neues, Gutes erschaffen. Er möchte mit mir die Welt zu einem schöneren Ort machen. Was für eine Einladung! Wir können zusammen mit Gott Schöpfer sein. Damit meine ich nicht nur unsere Fähigkeit, Kinder zu zeugen, sondern auch, dass wir mit unserer Art zu leben und zu glauben in unserem persönlichen Umfeld Licht und Freiheit verbreiten können, Weite und Wahrheit. Wir können Menschen durch die Jahreszeiten ihrer Seele hindurch begleiten und sie einladen, sich ebenfalls auf diesen wundersamen Prozess des chaotischen Entstehens von göttlichem Neuem einzulassen. So werden wir ein Teil dieses unglaublichen Werkes der Schönheit – dieser Kunst namens Leben.

Und dann ruhen wir aus. Wir treten zurück und atmen auf in der Gegenwart eines von Liebe erfüllten, schöpferischen Gottes. Eines Gottes, der alle unsere Schattenseiten und bunten Facetten nutzen möchte, um unser Leben auf eine Art und Weise neu zu erschaffen, die wir uns niemals hätten erträumen können. Wir hören auf, alles kontrollieren zu wollen und uns von gesellschaftlichen Normen bestimmen zu lassen und feiern die unglaubliche Wahrheit, dass wir alle ein schönes Durcheinander sind.

Aktivität

Zeichnen Sie einen Zeitstrahl, auf dem Sie Zeiten voller Chaos in Ihrem Leben markieren. Während Sie über diese Phasen nachdenken, arbeiten Sie den Prozess der göttlichen Ordnung durch, der sich vom Chaos hin zum Licht, zur Weite, durch die Jahreszeiten hindurch zum Leben, zum Miterschaffen und schließlich zur Ruhe erstreckt. Achten Sie auf die jeweiligen Einzelheiten.

- Was fällt Ihnen bei dem Muster auf, das Sie identifiziert haben?
- Wie brach das Licht in Ihr Chaos hinein?
- Wer oder was brachte Ihnen das Licht?
- Welche Erkenntnisse haben Sie daraus ziehen können?
- Wie haben Sie auf diese Erkenntnis reagiert?

ANMERKUNGEN

1 1. Mose 1,1–2, frei wiedergegeben durch die Autorin
2 Thomas Merton, *Thoughts in Solitude*:
  (Original aus *www.goodreads.com/quotes/80 913-my-lord-god-i-have-no-idea-where-i-am*)
3 Jeremia 18,6
4 Johannes 1,5
5 Apostelgeschichte 9,3
6 Douglas Coupland, *Life After God*, New York: Scribner, 2002, Seiten 289–290
7 Psalm 1,3
8 Johannes 10,10
9 „Bereaved Parents: particular difficulties, unique factors, and treatment issues", *Social Work*, Bd. 30, Seite 20
10 Johannes 9,1–12
11 1. Mose 1,27
12 Siehe www.amazon.ca/Am-Malala-Stood-Education-Taliban/dp/0316°322407
13 1. Mose 4,9
14 Römer 8,20–22
15 Ralph Neighbour, *The Arrival Kit*, Houston, TX: Touch Outreach Ministries, 2011
16 Matthäus 11,28

Die britische Originalausgabe erschien im Verlag
Lion Hudson plc, Wilkinson House, Oxford, England,
unter dem Titel „A Beautiful Mess"
© 2014 by Danielle Strickland
© 2018 der deutschen Ausgabe Gerth Medien GmbH,
Dillerberg 1, 35614 Asslar
Wenn nicht anders angegeben, wurden die Bibelstellen
der folgenden Übersetzung entnommen: Hoffnung für alle®,
Copyright © 1983, 1996, 2002, 2015 by Biblica Inc.®. Verwendet mit freundli-
cher Genehmigung von Fontis – Brunnen Basel.
Alle weiteren Rechte weltweit vorbehalten.

1. Auflage Januar 2018
2. Auflage April 2018
Best.-Nr. 817450
ISBN 978-3-95734-450-2

Umschlaggestaltung: Hanni Plato
Umschlagmotiv: Shutterstock, mystel
Lektorat: Désirée Gudelius
Satz: Greiner & Reichel, Köln
Druck und Verarbeitung: GGP Media GmbH, Pößneck
Printed in Germany

www.gerth.de